Edward Kocent-Zieliński

S.E. 5a

DECALS

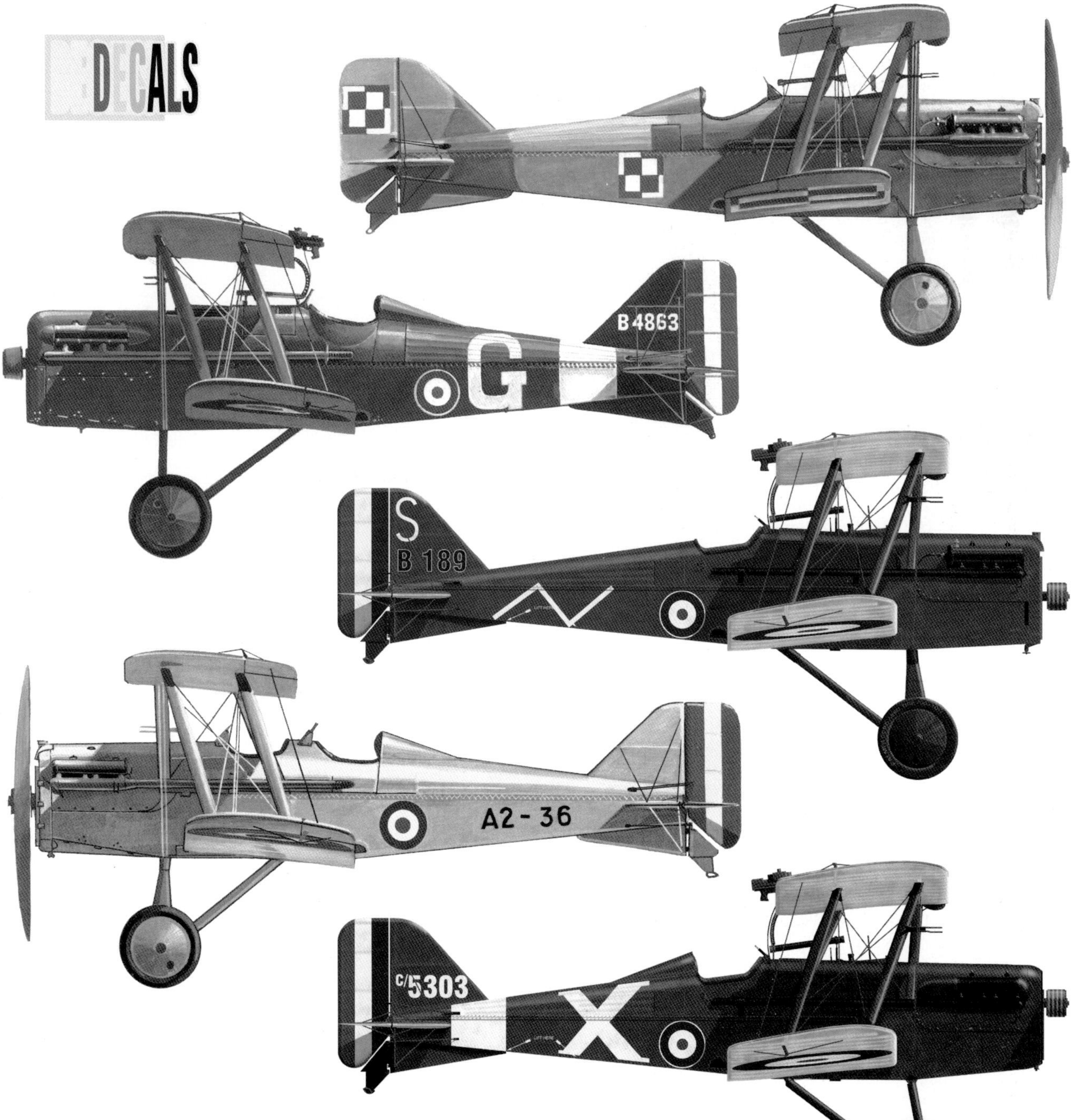

KAGERO

NOWOŚCI • NEWS

POLECAMY • RECOMMEND

  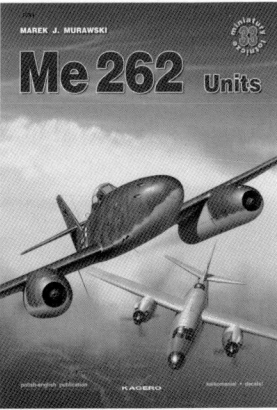

Od Wydawcy

W serii Legendy Lotnictwa pojawia się kolejna monografia autorstwa Edwarda Kocenta-Zielińskiego. Tym razem jest to historia legendarnego myśliwca S.E. 5a. Wydanie tej książki nie byłoby możliwe, gdyby nie wielka pomoc pana Grzegorza Szymanowskiego. Zawdzięczamy mu rozdział o zastosowaniu bojowym tego myśliwca oparty na najnowszej literaturze przedmiotu, identyfikację, selekcję i podpisy wszystkich opublikowanych w książce zdjęć, analizę dokumentacji niezbędnej przy wykonaniu niektórych sylwetek barwnych oraz przygotowanie dokładnej tabeli z danymi technicznymi S.E. 5. Serdecznie dziękuję również panu Maciejowi Noszczakowi za jego trud włożony w wykonanie rysunków technicznych oraz za znakomite plansze barwne, będące uzupełnieniem kolorowych rysunków pana Piotra Gawłowskiego. Cennym uzupełnieniem publikacji jest tradycyjny bonus – kalkomania firmy TECHMOD zawierająca m.in. elementy umożliwiające wykonanie myśliwca w polskim malowaniu.

Damian Majsak

From the Publisher

Here is another book by Edward Kocent-Zielinski in Legends of Aviation series. This time on a famous and legendary fighter – S.E. 5a. It would be hard to publish this book without great help of Mr. Grzegorz Szymanowski. I owe him chapter on combat use of this fighter which was written basing on newest materials, identification, selection and description of all inserted photos, analysis of documentation necessary to prepare some color profiles as well as preparation of detailed chart with technical data of S.E. 5. I would like to thank Mr. Maciej Noszczak for his efforts to make scale drawings and wonderful color drawings which are the supplement to profiles by Mr. Piotr Gawlowski. Free bonus – decal sheet by TECHMOD – is a precious add to this book. Decal sheet includes e.g. elements to make Polish camouflage.

Damian Majsak

S.E. 5a • Edward Kocent-Zieliński

Wydanie pierwsze/First edition • LUBLIN 2005

© Wszystkie prawa zastrzeżone. Wykorzystywanie fragmentów tej książki do przedruków w gazetach i czasopismach, w audycjach radiowych i programach telewizyjnych bez pisemnej zgody Wydawcy jest zabronione. Nazwa serii zastrzeżona w UP RP • ISBN 83-89088-61-4

Redakcja/Editing: **Andre R. Zbiegniewski** • Tłumaczenie/translation: **Łukasz Prusza** • Korekta/Proof-reading: **Krzysztof Janowicz** • Ilustracja na okładkę: **Arkadiusz Wróbel** • Plansze barwne: **Piotr Gawłowski, Maciej Noszczak** • Rysunki techniczne: **Maciej Noszczak** • Design: **Tomasz Gąska, KAGERO STUDIO** • Kalkomania: **Kazimierz Łata TECHMOD**

Oficyna Wydawnicza KAGERO
Redakcja, Marketing, Dystrybucja: OW KAGERO, ul. Mełgiewska 7-9, 20-952 Lublin
tel./fax: (+48 81) 749 11 81, tel./fax (+48 81) 759 65 03
www.kagero.pl • e-mail: kagero@kagero.pl, marketing@kagero.pl

---

Kalkomania dołączona do niniejszej publikacji stanowi integralną część książki i nie może być sprzedawana oddzielnie

Introduction

(J. M. Bruce via E. Kocent-Zieliński)

I prototyp S.E. 5, listopad 1916 r. W kabinie prawdopodobnie major F. W. Goodden. Widoczne cechy charakterystyczne prototypu: mała chłodnica silnika (HS 150 KM), płytka kabina, niewielki łukowaty wiatrochron i krótkie rury wydechowe.

The original S.E. 5 prototype, November, 1916. Seated inside is most likely Maj. F. W. Goodden. Visible traits characteristic of the prototype are: a small engine cooler (HS 150 HP), a shallow cockpit, a small, bowed windscreen and short exhaust stacks.

Eskadra miarowo wznosi się coraz wyżej, wybierając swą drogę między rozpadlinami chmur. W dole, w lukach między zwałami migają obrazki, niczym w latarni magicznej: ulice miasteczka, róg lasu, jakieś sunące postacie.

Ale oczy pilota myśliwskiego nie są skierowane ku ziemi, lecz przeszukują nieustannie bliższe i dalsze strefy nieba; wypatrują niecierpliwie poprzez okulary, futrem okolone, te drobne czarne punkty, na pozór nieruchome, na tle jakiejś chmury lub błękitu nieba, których zauważenie spowoduje przesunięcie manetki na pełny gaz, naprężenie mięśni, wstrzymanie oddechu i szarżę w pikowaniu, przy jęku linek i błysku pocisków smugowych.

Z kabiny dowódcy eskadry ukazuje się czerwone światło-rakieta, która po ułamku sekundy gaśnie w przestrzeni. Pogotowie do walki. Eskadra zmienia nieco kierunek i wszystkie maszyny, tłocząc się jeszcze bliżej obok siebie, spieszą, niczym sfora psów myśliwskich na tropie. Dowódca dostrzegł sześć maszyn myśliwskich 1000 m poniżej. Czarne krzyże na skrzydłach!

Czas, jaki upływa do chwili, gdy ma się zacząć atak, wydaje się nieskończonością. Piloci prowadzą maszyny ostrożnie, troszcząc się o silniki, napięci i pełni zawziętości. Niektórzy od czasu do czasu sprawdzają karabiny maszynowe lub rzucają okiem na szybkościomierze. I oto wreszcie dowódca eskadry zrobił skręt na skrzydle, dając sygnał do wyboru przeciwników i sam runął w dół.

Maszyny przechodzą w pikowanie, rozlatując się i porzucając szyk. Ziemia zbliża się z pionurującą szybkością. Zaskoczony patrol nieprzyjacielski zmienia kierunek, po czym pojedyncze jego maszyny wykonują zwroty i pierzchają w różne strony. Błyskawice o barwie brązowej

Steadily, the body of scouts rises higher and higher, threading its way between the cloud precipices. Sometimes, below, the streets of a village, the corner of a wood, a few dark figures moving, glides into view like a slide into a lantern and then is hidden again.

But the fighting pilot's eyes are not on the ground, but roving endlessly through the lower and higher reaches of the sky, peering anxiously through fur-goggles to spot those black slow-moving specks against land or cloud which mean full throttle, tense muscles, held breath, and the headlong plunge with screaming wires – a Hun in the sights, and the tracers flashing.

A red light curls up from the leader's cockpit and falls away. Action! He alters direction slightly, and the patrol, shifting throttle and rudder, keep close like a pack of hounds on the scent. He has seen, and they see soon, six scouts three thousand feet below. Black crosses! It seems interminable till the eleven come within diving distance. The pilots nurse their engines, hard-minded and set, test their guns and watch their indicators. At last the leader sways sideways, as a signal that each should take his man, and suddenly drops.

Machines fall scattering, the earth races up, the enemy patrol, startled, wheels and breaks. Each his man! The chocolate thunderbolts take sights, steady their screaming planes, and fire. A burst, fifty rounds – it is over. They have overshot, and the enemy, hit or missed, is lost for the moment. The pilot steadies his stampeding mount, pulls her out with a firm hand, twisting his head right and left, trying to follow his man, to sight another, to back up a friend in danger, to note another in flames.

But the squadron plunging into action had not seen, far off, approaching from the east, the

Wstęp

Trzeci prototyp S.E. 5 został wyposażony w znacznie mocniejszy silnik Hispano-Suiza (200 KM). Większa moc wymagała nowego śmigła, dlatego smolot wyposażony został w powiększone drewniane śmigło, które nie zdało egzaminu.

The third S.E. 5 prototype was equipped with a much more powerful 200 HP Hispano-Suiza engine. For this reason a new larger wooden propeller was used (which didn't work out).

(J. M. Bruce via E. Kocent-Zieliński)

oddają krótkie, urywane serie... 50 strzałów najwyżej i koniec pierwszego starcia. Przemknęły się nad przeciwnikiem i przez chwilę nie mają z nim kontaktu.

Piloci opanowują maszyny, wyprostowują je i przechodzą w świece, rozglądając się jednocześnie, aby dostrzec, co się stało z celem, wybrać następnego przeciwnika, wspomóc zagrożonego przyjaciela lub zauważyć opadającą, płonącą maszynę.

Ale eskadra, nurkująca do walki, nie zauważa, jak z dala, od wschodu zbliża się rezerwa nieprzyjaciela – inne klucze czerwonych Albatrosów, które patrolowały znacznie powyżej maszyn zaatakowanych, w celu strzeżenia ich i wspierania w walce...

Sytuacja jest jednak groźna, bo nieprzyjaciel jest dwukrotnie silniejszy, a walczy umiejęt-

rescue flight of Red Albatroses patrolling above the body of machines on which they had dived, to guard they tails and second them in the battle (...).

But, nevertheless, the enemy, double in number, greater in power and fighting with skill and courage, gradually overpower the British, whose machines scatter, driven down beneath the scarlet German fighters.

It would be impossible to describe the action of such a battle. A pilot, in the second between his own engagements, might see a hun diving vertically, an S.E. 5 on his tail, on the tail of the S.E. 5 another Hun, and above him again another British scout. These four, plunging headlong at two hundred miles an hour, guns crackling, tracers streaming, suddenly break up. The lowest Hun plunges flaming to his death, if

S.E. 5 (nr A4850) ze zmniejszonym wiatrochronem, adaptowanym z Avro 504. Ten wiatrochron stał się standardem w S.E. 5a. W kabinie kpt. Albert Ball, który na samolocie tym zestrzelił w 56 Squadronie 4 samoloty wroga, z zaliczonych mu łącznie 44.

S.E. 5 (no. A4850) with a smaller windscreen, adapted from the Avro 504. It became standard for the S.E. 5a. Seated in the cockpit is Capt. Albert Ball, who shot down 4 of his 44 enemy planes while with 56 Sqn. in this plane.

(J. M. Bruce via E. Kocent-Zieliński)

S.E. 5a

Introduction

(J. M. Bruce via E. Kocent-Zieliński)

Prototyp wersji S.E. 5b, widoczna chłodnica pod kadłubem, nowe śmigło i inne opracowanie aerodynamiczne. Wyraźnie mniejszy dolny płat.

S.E. 5b prototype with the radiator under the fuselage, a new propeller and other aerodynamic modifications. The lower wing is noticeably smaller.

nie i z wielką odwagą. Stopniowo maszyny brytyjskie zostają zmuszone do coraz większego obniżenia się i nurkują przed pościgiem szkarłatnych myśliwców niemieckich.

Opisanie przebiegu takiej walki jest niemożliwością. Jej uczestnik zachowuje jedynie urwane, migawkowe obrazy w pamięci. Oto na przykład Niemiec nurkuje pionowo, na jego ogonie leci S.E. 5, a za brytyjską maszyną znów Niemiec, którego ściga inny samolot angielski. Taka czwórka leci na łeb z szybkością 350 kilometrów na godzinę, karabiny maszynowe szczekają, pociski fosforowe czynią wrażenie smug świetlnych i nagle wszystko się rozlatuje.

Niemiec, tworzący głowę węża, stracił panowanie nad maszyną i runął na ziemię, jak płonąca gwiazda. Z kolei myśliwiec angielski, który go przed sekundą zwyciężył, wyprostowuje maszynę, robiąc coś w rodzaju wielkiego skoku w próżnię i przewraca się na plecy, przechodząc w korkociąg, od którego świadkom mdło się robi, aby za chwilę roztrzaskać się o ziemię.

Trzeci Niemiec daje świecę do góry, a ostatnia maszyna korowodu pościgowego naśladuje go, strzelając dalej.

I oto podobny widok, trwający może 10 sekund, zostaje przerwany przez ostre trzaskanie innego spotkania bojowego. Dwie maszyny lecą ku sobie na pełnym gazie, ostrzeliwując się wzajemnie, piloci jednocześnie lawirują aby uniknąć pocisków, które błyskami przechodzą między płatami i przez kadłub...

Czyje nerwy dłużej wytrzymają? Dwieście metrów, 100, 50 i oto nagle, jakby za znakiem umownym, maszyny skręcają każda w swoją stronę, przechodzą w świecę, aby nabrać wysokości nad przeciwnikiem i krążą, usiłując złapać wroga w przyrządach celowniczych...

Na 5000 metrów rozpoczęła się owa śmiertelna gra kółek trójbarwnych i czarnych krzyży i stopniowo obniża się ona coraz bardziej. Wreszcie przyjaciele i wrogowie gubią się i roz-

death has not taken him already. His victor seems to stagger, suddenly pulls out in a great leap, as a trout leaps on the end of a line, and then, turning over on his belly, swoops and spins in a dizzy falling spiral with the earth to end it. The third German zooms veering, and the last of that meteoric quartet follows bursting... But such a glimpse, lasting perhaps ten seconds, is broken by the sharp rattle of another attack. Two machines approach head-on at breakneck speed, firing at each other, tracers whistling through each other's planes, each slipping sideways on his rudder to trick the other's gun fire. Who will hold longest? Two hundred yards, a hundred, fifty, and then, neither hit, with one accord they fling their machines

Australijscy mechanicy przed chłodnicą, charakterystyczną dla silnika Hispano-Suiza 150 KM.

Australian mechanics stand next to the radiator commonly used with the Hispano-Suiza 150 HP engine.

(Via Andre R. Zbiegniewski)

latują. W ostatnim błysku światła widać, jak jakaś maszyna S.E., ścigana z bliska przez dwóch myśliwców niemieckich, wywija się, nurkuje i skręca, niczym bekas nad bagnem, aż wreszcie wpada w smugę nisko leżącej, wieczornej mgły, która ukrywa ją przed wzrokiem nieprzyjaciół... („Sagittarius Rising" aut. Cecil Lewis).

Latem roku 1917 samolot S.E. 5, będący nowością brytyjskiego przemysłu lotniczego nie był w stanie podjąć równorzędnej walki z samolotami niemieckimi. Zbyt słaby silnik i rozmaite usterki skazywały go na uległość w starciach powietrznych. Z czasem jednak jego odmianę S.E. 5a po licznych poprawkach i z mocniejszym silnikiem zaczęto uważać za najlepszy brytyjski myśliwiec I Wojny Światowej. Ze względu na swą trwałość, a zwłaszcza jakość silnika S.E. 5a służył przez wiele lat powojennych lotnictwom różnych krajów. Był używany do różnego rodzaju prób i eksperymentów. Miał także styczność z polskim lotnictwem wojskowym.

Historia jego powstania i służby zasługuje przeto na uwagę.

Początki brytyjskiego lotnictwa wojskowego

Słabość imperium otomańskiego w początku XX wieku dała podstawę do roszczeń kolonialnych Włoch, które skierowały je w kierunku Libii. Zatarg turecko-włoski wkrótce przerodził się w wojnę. Już w jej początku prasa donosiła:

„...Dowództwo naczelne włoskie przekonawszy się, że aeroplany oddają znakomite usługi w czasie wojny, ponieważ kapitanowie Piazza i Moiso zadali dotkliwą klęskę Turkom i Arabom rzucanymi w ich szeregi bombami pikrytowymi, postanowiło zaprosić prywatnych

sideways, bank and circle, each striving to bring his gun on to the other's tail (...).

The game of noughts and crosses, starting at fifteen thousand feet above the clouds, drops in altitude engagement by engagement. Friends and foes are scattered. A last S.E., pressed by two Huns, plunges and wheels, gun-jammed, like a snipe over marshes, darts lower, finds refuge in the ground mist, and disappears („Sagittarius Rising" by Cecil Lewis).

In the summer of 1917 the S.E. 5, a new creation of the British aircraft industry, was not able to put up an equal fight against German aircraft. The too weak engine and various defects doomed it to defeat in aerial combat. However, with the course of time, the S.E. 5a version, after numerous improvements and with a more powerful engine, came to be considered the best British fighter of WW1. Thanks to its durability, and particularly the quality of the engine, the S.E. 5a was long used during the post-war years by air forces in various countries.

It was used for various kind of tests and experiments. It also had contact with the Polish air force. Therefore, the history of its development and service is worthy of notice.

The origin of the British Air Force

The weakness of the Ottoman empire at the beginning of the 20th century gave rise to Italy's colonial claims towards Libya. The conflict between Turkey and Italy soon turned into war. At its very beginning, the press reported:

"...having seen that airplanes are of great use in war since Caps Piazza and Moiso had brought crushing defeat on the Arabs by dropping bombs on their troops, Italian High Command decided to invite independent airmen to

Amerykański prototyp S.E. 5a (SC43135) z nieudanym silnikiem Wright Martin HS (180 KM).

American S.E. 5a prototype (SC43135) with the unsuccessful Wright Martin HS 180 HP engine.

(J. M. Bruce via E. Kocent-Zieliński)

(J. M. Bruce via E. Kocent-Zieliński)

Ostatni złożony w USA z brytyjskich części S.E. 5e (1923 r.).

The last S.E. 5e assembled from British parts in the U.S. (1923).

lotników do udziału w wojnie. Lotników włoskich zgłosiło się 23, francuskich 2..."

Wkrótce okazało się, że i druga strona konfliktu wpadła na podobny pomysł przekazując korespondentom francuskim informację następującą:

„.... Na wezwanie H. Blooma, agenta tureckiego ministerstwa wojny i dyrektora Towarzystwa „Awiator", stawiło się 35 lotników, proponując swe usługi w wojnie za cenę 6 tysięcy franków miesięcznie bez aparatów..."

Trudno ustalić ile proponowali lotnikom najemnym Włosi, ale sumy oferowane przez rząd turecki lotnikom „kontraktowym" były wówczas bardzo znacznymi. Próba uzyskania personelu lotniczego drogą naboru nie uchroniła jednak Turcji od przegranej. Również w powietrzu.

Obok kwestii politycznych zasadnicze znaczenie miał chyba fakt, że we Włoszech, na turyńskim lotnisku istniał już od pewnego czasu „Battaglione Aviatori". Służyło w nim wielu lotników biorących udział w konflikcie, a wśród nich także sławny Francesco Baracca. Lotnicy ci udowodnili, że walką w powietrzu winni się zajmować profesjonaliści a nie amatorzy...

Wojna trypolitańska tocząca się w latach 1911-1912 wykazała, że lotnictwo jest w stanie realizować nie tylko działania wywiadowcze, ale i brać bezpośredni udział w walce. Stwierdzenie tego faktu wywołało znaczny niepokój w kołach wojskowych Wielkiej Brytanii. Koła te dostrzegły w nim nie tylko groźbę dla brytyjskich interesów na Bliskim Wschodzie, ale i zagrożenie dla izolacjonizmu, jakim cieszyła się sama metropolia.

Obawy te nie były nowymi, gdyż zdano sobie z nich sprawę po raz pierwszy 25 lipca 1909 roku po przelocie Bleriota przez Kanał La Man-

take part in the war. The Italian volunteers were 23, French 2..."

It turned out soon that the other side of the conflict also employed the similar strategy, making the following statement to French correspondents:

"...35 airmen reported at the announcement by H. Bloom, an agent of the Turkish Ministry of War and the director of the "Aviator Society", offering military service for 6,000 franks per month exclusive of apparatus..."

It is difficult to determine how much Italy offered to hired airmen, but the sums offered to those employed by the Turkish government were substantial for those times.

The attempt to form air personnel from mercenaries failed to prevent Turkey from defeat – also in the air. Apart from political reasons, it was probably of particular importance that for some time at the Italian airfield of Turin had existed the "Battaglione Aviatori". Many of the airmen that participated in the conflict served in it, including the famous Francesco Baracca. These men proved that air combat should be pursued by professionals, and not amateurs...

The Tripolitan War of 1911-1912 showed that not only could aircraft carry out reconnaissance but also be directly employed in combat. The awareness of this fact caused much anxiety in military circles in Britain. These circles saw it not only as a threat to the British interests in the Middle East, but also as a threat to the isolationism that the Isles themselves enjoyed. These fears were nothing new, for they had for the first time been realized on July 25, 1909, after Bleriot's crossing of the English Channel. The then "Daily News" journal reported on July 26:

Początki brytyjskiego lotnictwa wojskowego

che. Ówczesny dziennik „Daily News" pisał o tym w numerze z dnia 26 lipca w sposób następujący:

„...To, że latający człowiek przebył „srebrny pas" właśnie w chwili, gdy w Dover znajdowała się nasza wielka flota, i że przeleciał wysoko ponad masztami naszych największych okrętów bojowych, nasuwa złowieszcze przewidywania. Przychodzi na myśl nowe niebezpieczeństwo, które zaistnieje w przyszłości obok niewątpliwych korzyści wynikających z lotnictwa. Jest to jeszcze jeden dowód niedorzeczności naszej cywilizacji: nasza pierwsza myśl dotycząca samolotów jest myślą o możliwości zastosowania ich podczas wojny..."

Były to słowa iście prorocze, ale wówczas pomysł stworzenia wojskowego lotnictwa brytyjskiego został z pogardą odrzucony. Minister wojny lord Haldane oświadczył pionierom lotnictwa, że Ministerstwo Wojny nie widzi potrzeby popierania lotnictwa jako „zupełnie nie nadającego się do celów wojskowych".

Przekonanie to, w wyniku opisanych wyżej wypadków uległo szybkiej zmianie. Konsekwencją było utworzenie 1 listopada 1911 roku w ramach batalionu balonowego w Farnborough oddziału lotniczego. Polecono przy tym kapitanowi Cody wykonanie pierwszego angielskiego samolotu wojskowego.

W końcu tego samego roku zapadły na brytyjskich szczeblach rządowych decyzje o organizacji sił powietrznych, jako samodzielnej jednostki armii. Organizację tę uporządkowano w roku 1912 tworząc Royal Naval Air Service z bazą w Farnborough (Naval Wing) i Royal Flying Corps z bazą w Eastchurch (Military Wing).

"...The flying man's having crossed the 'silver strip' just when our great fleet was stationing at Dover – and having done it high above the masts of our greatest man-o-wars – induces gloomy forecasts. A new threat comes to the mind that will result in the future in addition to the undisputable benefits of aviation. It is one more proof of the irrationality of our civilization: our first thought on the aircraft is about the possibility of using them for warfare..."

These were prophetic words, indeed, but the idea of creating a British air force was then scornfully rejected. The minister of war, Lord Haldane, told the aerial pioneers that the Ministry of War had no grounds to promote aviation, considering it "entirely unsuitable for military purposes".

This conviction changed quickly following the above-mentioned events. As a result, an aircraft detachment was created on November 1, 1911 inside the balloon battalion at Farnborough. With this regard, Cap. Cody was ordered to design the first English military aircraft.

At the end of that year the British government made decisions about the structure of the air force as an independent unit of the army. This was specified in 1912, the following units being created: Royal Naval Air Service based at Farnborough (Naval Wing) and Royal Flying Corps based at Eastchurch (Military Wing)

The aforementioned isolation of the British Isles and specific attitude towards it caused the advancement of the work to be slightly delayed here compared to France or Germany. The British traditionalism did not indulge the aviation pioneers, while the Red Flag Act considerably

Brytyjska przeróbka przystosowująca samolot do pozostawiania na niebie napisów tworzonych z dymu. Przedłużone rury wydechowe wyprowadzone nad usterzeniem poziomym. Samolot G-EBXC należał do firmy Savage Skywriting Co. i sfotografowany został w 1926 roku na polskim lotnisku.

This plane was modified in Britain as a skywriter. Exhaust stacks were extended past the tail planes. G-EBXC belonged to Savage Skywriting Co. It was photographed in 1926 at a Polish airport.

(T. Żychiewicz via Autor)

The origin of the British Air Force

Używany przez „The Skywriting Corp. of America" S.E. 5e po przeróbkach umożliwiających „pisanie dymem". Warto zwrócić uwagę na umieszczenie rury wydechowej pod usterzeniem poziomym. Pociągnęło to za sobą jego modyfikację.

An S.E. 5e skywriter used by The Skywriting Corp. of America. Noteworthy is the fact that the exhausts have been run below the tailplanes, which forced a modification to them.

(J. M. Bruce via E. Kocent-Zieliński)

Wspomniana izolacja Wysp Brytyjskich i specyficzne do niej podejście, spowodowały, że rozwój prac nad lotnictwem był tu nieco opóźniony w stosunku do Francji czy Niemiec. Tradycjonalizm brytyjski nie rozpieszczał pionierów lotnictwa, a „Red Flag Act" opóźnił znacznie rozwój automobilizmu będącego bazą dla konstruktorów silników.

Niemniej jednak w przededniu I Wojny Światowej istniał w Wielkiej Brytanii szereg zakładów lotniczych (np. Avro, Sopwith, Handley Page, Bristol czy Vickers) produkujących płatowce dla lotnictwa wojskowego. Prócz tego sprowadzano samoloty francuskie, a firmy Caudron i Bleriot-Spad otworzyły swe brytyjskie filie, z czego wynikało, że Anglicy po prostu z praktyczności musieli się wyrzec, przynajmniej w tym obszarze, tradycyjnej niechęci do Francuzów.

Wybuch I Wojny Światowej natychmiast stworzył dwa zasadnicze zadania, które stanęły przed lotnictwem brytyjskim a mianowicie:
- sprawę obrony wysp przed nalotami bombowymi. Naloty te dokonywane przez Niemców przy pomocy sterowców i ciężkich bombowców spowodowały znaczną panikę i wytworzyły atmosferę zagrożenia.
- kwestię wspierania walk na kontynencie toczonych przez korpus ekspedycyjny sir Douglasa Haiga od kwietnia 1917 roku.

Problemy te mógł jedynie rozwiązać rozwój lotnictwa myśliwskiego na poziomie przewyższającym przeciwnika tj. głównie cesarskiego lotnictwa niemieckiego. Nie było to rzeczą łatwą. Niemiecka technika lotnicza była już wysoko wyspecjalizowana. Liczne biura konstrukcyjne i fabryki pracowały uzyskując doskonałe efekty zarówno ilościowe jak i jakościowe. Wy-

delayed the development of the automobile industry, the latter being the background for engine designers.

However, just prior to WW1 Britain had a range of aircraft companies (e.g. Avro, Sopwith, Handley Page, Bristol or Vickers) producing airplanes for the air force. Additionally, French planes were imported, while the Caudron and Bleriot-Spad companies opened branch factories in Britain, which indicated that practicality made the British forget, at least in this domain, their traditional dislike of the French.

The outbreak of WW1 immediately created two basic tasks for the British air force to fulfill:
- defense of the isles from bombing raids. These raids, carried out by the Germans with airships and heavy bombers, caused great panic and brought an air of threat;
- support for Sir Douglas Haig's Expeditional Corps fighting in the mainland since April 1917.

These issues could have only been resolved by developing a fighter air force to a level higher than that of the enemy, i.e. mainly the German imperial air force's. It was no easy task. German aircraft technology was highly specialized at the time. The numerous engineers' offices and factories achieved excellent results in both quality and quantity. Particularly the Fokker company distinguished itself, its engineers Anthony Fokker and Reinhold Platz designing ever more modern and improved constructions. The Albatros company did as well. In 1916 the then best fighter aircraft with the RFC – the Sopwith "Camel" – proved worse than Fokkers and Albatroses in terms of performance and armament. The situation was becoming critical.

różniała się tu głównie firma Fokker, której konstruktorzy Anthony Fokker i Reinhold Platz opracowywali wciąż nowsze i doskonalsze konstrukcje. Podobną była firma Albatros.

W roku 1916 wytworzyła się sytuacja, w której najlepsze wówczas samoloty myśliwskie RFC – Sopwith „Camel" okazały się gorsze od Fokkerów i Albatrosów w osiągach i uzbrojeniu. Sytuacja stawała się krytyczną.

Geneza konstrukcji

Aby stan niedostatków sprzętowych zmienić dowództwo RFC postanowiło wprowadzić do walk nowy myśliwiec. Miał on być prosty w budowie, ale równocześnie trwały, silnie uzbrojony i łatwy w produkcji seryjnej.

Producentem jego miała być firma państwowa Royal Aircraft Factory w Farnborough. Zakład ten, mimo że dość znany przeżywał wówczas trudności organizacyjno-finansowe, a nawet była rozważana jego likwidacja. Dysponował jednak dobrym zapleczem techniczno-konstruktorskim i w związku z tym, w listopadzie 1916 roku komisja rządowa wydała opinię, w której obligowano go do wypełnienia następujących zadań:
– prób i eksperymentów,
– prac badawczych,
– przygotowania projektów,
– remontów,
– produkcji części zamiennych.

W lutym 1916 roku dowództwo RFC ustaliło wymagania, którym winien odpowiadać nowy samolot. Wyglądały one następująco:
– wznoszenie na 10000 stóp (3050 m)10 minut
– pułap maksymalny 18 000 stóp (5508 m)
– prędkość maksymalna na 10000 stóp (3050 m) 100 mph. (160 km/h)
– czas lotu 3-4 h
– załoga jedno- lub dwuosobowa
– zapas naboi do km 500 szt.

The genesis of the design

To change the state of insufficient equipment, the RFC authorities decided to introduce a new fighter to combat. It was to be of simple construction and at the same time durable, heavily armed and easily manufactured in bulk.

A state-owned company, Royal Aircraft Factory at Farnborough, was picked for the manufacturer. Although quite well known, this firm was having financial and structural difficulties, even to the point where its shutdown was considered. But its technical infrastructure was good and with this regard in 1916 the government's committee issued their opinion, in which the factory was obliged to fulfill the following:
– tests and experiments
– research work
– preparation of design
– overhauls
– production of spare parts

In February 1916 the RFC listed the requirements to be met by the new aircraft. They were as follows:
– climb to 10,000 ft (3,050 m) – 10 minutes
– service ceiling – 18,000 ft (5,508 m)
– top speed at 10,000 ft (3,050 m) – 100 mph (160.9 km/h)
– flight duration – 3-4 hours
– single– or two-men crew
– machine gun ammunition – 500 rounds

These specs, approved by Gen. Sir Trenchard, commander of the RFC, as guidelines for the industry were made before detailed tests on the French Spad VIIC1, which was considered a better aircraft than the British models (it was produced under license at Bleriot & Spad Aircraft Works). However, taking the Spad for the model for copying or improvement was rejected on Sir W. Farren's opinion, a member of the test team with the Royal Aircraft Factory, al-

Poważnie przebudowany w USA S.E. 5e przeznaczony do „pisania po niebie". Widoczny duży kołpak śmigła i przeniesiona pod kadłub chłodnica. Rury wydechowe nie zostały przedłużone do końca kadłuba.

This S.E. 5e was extensively modified in the U.S. for skywriting. It has a large spinner and the radiator has been moved below the fuselage but the exhausts have not been extended to the tail.

(J. M. Bruce via E. Kocent-Zieliński)

The genesis of the design

(J. M. Bruce via E. Kocent-Zieliński)

Australijska przeróbka na wersję dwumiejscową. Samolot ten nosił ostatni numer ewidencyjny S.E. 5a w australijskim lotnictwie (A2-36). Widoczne przeniesione na płat zbiorniki.

An Australian modification produced this two-seater. A2-36 was the last number assigned to an S.E. 5a in Australia. The fuel tanks were transferred to the upper wing surface.

Ustalenia te podpisane przez gen. sir Trencharda, dowódcę RFC jako wytyczne dla przemysłu poprzedziły szczegółowe badania nad myśliwcami francuskimi Spad VIIC1, które były uważane za lepsze od brytyjskich (produkowano je z licencji w zakładach Bleriot & Spad Aircraft Works). Na podstawie opinii wydanej przez sir W. Farrena, członka zespołu doświadczalnego Royal Aircraft Factory zrezygnowano jednakże z wzorowania się na Spadach, czy ich ulepszania, mimo że rozważono i taką koncepcję. Postanowiono stworzyć własny projekt spełniający powyższe założenia. Inż. Folland, kierujący biurem konstrukcyjnym zakładów, był już autorem kilku udanych samolotów zbudowanych w latach poprzednich. Były nimi: S.E. 2 i 2.a z roku 1913 i S.E. 4 i 4.a z roku 1914.

Utworzony przez niego nowy zespół wykonał rysunki i obliczenia przyszłego myśliwca do połowy marca 1916 roku (jeszcze w czasie trwania prac komisji rządowej w zakładach). Samolot nazwano S.E. 5 (Scouting Experimental) w nawiązaniu do oznaczeń poprzednich stosowanych przez zakład. Do pewnego stopnia jego konstrukcja wzorowana była na wcześniejszych projektach samolotów Austin AFB1 i Vickers FB16D.

S.E. 5 miał być klasycznym dwupłatem z usztywnioną linkami komorą płatów. Przewidywano niespotykane wówczas ulepszenia: nastawny w locie statecznik poziomy i sterowaną płozę ogonową (zarówno usterzenie jak i płozę przejęto później od „konkurencyjnego" projektu FE-10). Podwozie o dość szerokim rozstawie zamortyzowano sznurami gumowymi w osłonach. Jako zasadniczy materiał do budowy samolotu miało być użyte drewno świerkowe i sklejka.

Równocześnie jednak opracowano drugi, alternatywny projekt myśliwca. Nazwany został wstępnie FE-10. Był on także dwupłatem, lecz o niekonwencjonalnym układzie. Zespół napę-

though such options were considered. It was decided to develop a home project that would meet the requirements. Engineer Folland, leading the factory's design office, was the author of several successful aircraft built in the preceding years. These were the S.E. 2 and 2a in 1913 and S.E. 4 and 4a in 1914.

The new team he created engineered the drawings and made the calculations for the new fighter by mid-March 1916 (while the government's committee still worked at the factory). The aircraft was named S.E. 5 (Scouting Experimental) in connection with the names formerly used by the factory. To a certain degree, its construction was modeled on the earlier designs of the Austin AFB1 and Vickers FB16D.

The S.E. 5 was supposed to be a classic biplane with the interplane bay wire-braced. Improvements unusual for that period were assumed: an in-flight adjustable horizontal stabilizer and a steerable tail skid (both items being later on copied from a "competition" project – the FE-10). The landing gear of quite a wide tread had sheathed rubber cords for shock absorption. The basic material for the aircraft construction was spruce and plywood.

Concurrently, another, alternative fighter project was being developed. It was initially named FE-10. This, too, was a bi-plane, but of an unconventional layout. The power transmission system was housed behind the cockpit, with the tractor airscrew revolving between the cockpit and engine. This, either, was not a novel solution, for similar were used on some older Spads (A-2) and also the British BE-9 and FE-8.

Both alternative aircraft designs shared one common idea: avoiding the issue of synchronization of gun fire with the revolving propeller. In the S.E. 5 project, a Lewis gun was supposed to fire through the reduction gear shaft, while it was ahead of the pilot and engine on the FE-10.

dowy miał zabudowany za kabiną pilota, ze śmigłem ciągnącym obracającym się między kabiną a silnikiem. Nie było to także nowe rozwiązanie, gdyż podobne miały wcześniejsze konstrukcje Spadów (A-2), a także brytyjskie: BE-9 i FE-8.

Oba alternatywne samoloty miały jedną wspólną ideę: chęć ominięcia problemu synchronizacji uzbrojenia strzelającego przez śmigło. W projekcie S.E. 5, karabin Lewisa miał strzelać przez oś reduktora silnika, a w FE-10 miał być umieszczony przed pilotem i silnikiem.

Od początku było widocznym, że projekt FE-10 jest skomplikowany konstrukcyjnie i technologicznie. Zapowiadał kłopoty z chłodzeniem (przysłonięcie silnika kabiną) a ponadto umieszczenie uzbrojenia przed pilotem nie było, jak wynikało z doświadczeń z FE-8 i BE-9 bezpieczne, ze względu na możliwości poranienia przez dużą masę metalu, jaką stanowił karabin w przypadku nawet „niewinnego" kapotażu. Dodatkowym zagrożeniem był zabudowany pod silnikiem 35 galonowy zbiornik paliwa.

Z tych też względów nie zdecydowano się na jego budowę zostając przy koncepcji klasycznej, która ponadto dawała większe możliwości „technologizacji" przewidywanej produkcji wielkoseryjnej.

Dylematy napędu

Najchętniej wówczas stosowanymi w lotnictwie silnikami były silniki gwiazdowe rotacyjne, tj. takie, w których gwiazda cylindrów obracała się wraz ze śmigłem, a wał korbowy stanowiący zamocowanie silnika do płatowca pozostawał nieruchomym.

Układ ten wynaleziony przez braci Seguin w roku 1908 przedstawiał się początkowo rewelacyjnie. Brak instalacji wodnej zapewniał mu

It was seen from the beginning that the FE-10 was a very complex in terms of construction and technology. It portended cooling problems (engine covered by the cockpit). Also, the placement of the armament in front of the pilot was not safe, as was evidenced by experiences with the FE-8 and BE-9, for the possibility of injuring the pilot with the heavy mass of metal that the gun turned out to be in the case of even a "light" overturn. Another threat was the 35-gallon fuel tank positioned under the engine.

For these reasons it was decided not to pursue this project further but stick to the classic design, which offered greater technological flexibility of the assumed large-number production.

The power plant issues

The most popular aircraft engines of the time were radial "rotary" ones, in which the bank of cylinders spinned in unison with the prop around a stationary crankshaft that attached the engine to the fuselage.

This construction, designed by the Seguin brothers in 1908, seemed superb in the beginning. The absence of the water installation gave it lightness, i.e. an unusually low power consumption, whereas the rotational movement of the cylinders provided proper cooling. Overheating engines were the nightmare haunting the aviators and automobile drivers of the period – it caused power drops and seizures. Now we know that it was chiefly due to the little knowledge of fuel combustion in an engine and the low octane numbers of the fuels used. These correlations were unknown then.

Another important feature of the rotaries was the better and simpler splash lubrication, which was ensured by the centrifugal force of

S.E. 5 produkcji zakładów Martinsyde, przerobiony wraz z kilkunastoma innymi na wersję dwumiejscową. Samolot posiadał niewidoczny na zdjęciu zbiornik opadowy, zaadaptowany z Avro 504.

One of more than a dozen two-seater S.E. 5s built by Martinsyde. Not visible in this photo is the gravity tank which was adapted from the Avro 504.

(J. M. Bruce via E. Kocent-Zieliński)

The power plant issues

(J. M. Bruce via E. Kocent-Zieliński)

Egzemplarz C 1091, na którym testowano w RAE przestawialne metalowe śmigło Hart.

Number C 1091, used at RAE for testing the Hart variable-pitch metal propeller.

lekkość, tj. wyjątkowo małe obciążenie mocy, a ruch obrotowy gwiazdy cylindrów właściwe chłodzenie. Przegrzewanie się silników stanowiło bowiem zmorę trapiącą ówczesnych lotników i automobilistów. Powodowało spadki mocy i zatarcia.

Dziś wiemy, że było ono głównie wynikiem małej znajomości warunków spalania materiału pędnego w silniku i niewielkiej liczby oktanowej stosowanych paliw. Wtedy tych uwarunkowań nie znano.

W silnikach rotacyjnych znaczącym było również lepsze i prostsze smarowanie rozbryzgiem, którego działanie zapewniała siła odśrodkowa obracającej się gwiazdy cylindrów (choć nie we wszystkich rozwiązaniach).

the rotating bank of cylinders (though not in every implementation of the design).

However, it turned out soon that despite its good cooling characteristics, the rotary system was not suitable for powers exceeding 200 HP (150KW). Attempts to attain higher power resulted in trouble with the centrifugal force, which badly influenced the work of the timing gear and fuel mixture distribution. In extreme cases, pistons broke off, while the presence of great angular momentums of rotating masses effected the airplane's reaction. The bending forces on the crankshaft increased significantly.

In order to decrease the resulting moments, attempts were made to use bi-rotary engines, in which two banks of cylinders re-

(J. M. Bruce via E. Kocent-Zieliński)

Nietypowo zmodyfikowany samolot z usterzeniem pionowym zbliżonym kształtem do stosowanych na Camelach lub Nieuportach 24. Silnik 200 KM, starsze podwozie.

An unusual modification with a tailfin similar to that used on Camels or Nieuport 24s with older type landing gear and a 200 HP engine.

Dylematy napędu

Zmodyfikowany S.E. 5, używany przez kpt. Alberta Balla w 56 Squadronie (maj 1917), następnie przez kpt. Franka Sodena z 60 Squadronu (do listopada 1917 r.), ostatecznie przez kpt. Keitha Cadwella (kwiecień 1918 r.). Maszyna pięknie zdobiona czerwonymi „językami ognia".

This modified S.E. 5 was flown by Albert Ball with 56 Sqn. in May, 1917, later by Frank Soden with 60 Sqn. (till October, 1917) and finally by Capt. Keith Cadwell (till April, 1918). The plane is decorated with beautiful red tongues of flame.

(J. M. Bruce via E. Kocent-Zieliński)

Okazało się jednak wkrótce, że mimo dobrego chłodzenia układ rotacyjny nie nadaje się do mocy przekraczających praktycznie ok. 200 KM (150 kW). Przy próbie uzyskania mocy większych zaczynały się kłopoty związane z siłą odśrodkową, źle wpływającą na pracę rozrządu i rozdział mieszanki. W skrajnych wypadkach urywały się cylindry, a obecność dużych momentów pędu mas wirujących powodowała reakcję płatowca. Wzrastały znacznie siły gnące na wale korbowym.

W celu zmniejszenia momentów reakcyjnych próbowano stosować silniki birotacyjne, tj. takie w których dwie gwiazdy cylindrów obracały się w przeciwne strony. Patent na taki silnik uzyskał polski inżynier Stanisław Brzeski w roku 1907. Później odkupiły go firmy Gnome i Siemens.

Rozwiązanie to miało niestety, poza skomplikowaniem konstrukcji wiele wad, z których największą było zmniejszanie się chłodzenia

volved in opposite directions. Polish engineer Stanislaw Brzeski patented such an engine in 1907. Later, the design was bought by the Gnome and Siemens companies.

Unfortunately, apart from its complicated construction, this solution had many failings, one of which was a decrease in cooling resulting from the lower number of rotations of the banks of cylinders (20-25 RPS in the "classic" design, and only 15 RPS in the bi-rotational). The timing gear issues, present in all implementations, could not be successfully dealt with, either, the main source of trouble being the inertia of some elements (valves, levers, springs etc.).

Still, despite the various flaws, the bi-rotary engine was the basic power plant of the aircraft of the Entente states, including the aforementioned Royal Aircraft Factory aircraft: S.E. 2, S.E. 4 and S.E. 4a.

The question of aircraft power plants looked slightly different in the Middle Forces, as their

S.E. 5 wczesnej serii.
An early S.E. 5.

(J. M. Bruce via E. Kocent-Zieliński)

w wyniku spadku obrotów gwiazd cylindrów (w „klasycznym" rotacyjnym 20-25 obr./s, a w bi-rotacyjnym zaledwie 15 obr/s).

Nie potrafiono również w sposób skuteczny uporać się z rozrządem sprawiającym we wszystkich rozwiązaniach kłopoty, których głównym źródłem była bezwładność jego detali (zaworów, dźwigni, sprężyn etc.).

Wbrew różnym mankamentom jednak silnik rotacyjny był podstawowym źródłem napędowym samolotów państw Ententy. W tym także i wcześniej wspomnianych typów samolotów Royal Aircraft Factory; S.E. 2, S.E. 4 i S.E. 4a.

W państwach centralnych zagadnienia napędów lotniczych przedstawiały się nieco inaczej, gdyż konstruktorzy w nich działający nie potrafili zbudować wystarczająco dobrych silników rotacyjnych tworząc mniej lub więcej udane ich kopie (np. Oberursel-Gnome) lub miernej jakości konstrukcje własne (np. Siemens). Było to swego rodzaju paradoksem, gdyż bracia Seguin zaczęli działalność właśnie od licencji na silnik firmy Oberursel Motoren Geselschaft.

Klasycznym silnikiem niemieckim pozostawał silnik wywodzący się z samochodowego, chłodzony wodą, o rozrządzie górno zaworowym i pojedynczych cylindrach (Mercedes, Maybach, BMW). Podobnym był austriacki Austro-Daimler. Automobilizm w tym czasie znacznie się rozwinął, a w zakresie budowy jednostek napędowych do samochodów (również i wzorowanych na nich silników lotniczych) działali tak wybitni konstruktorzy i inżynierowie jak Max Fritz (BMW), Ferdynand Porsche (Austro-Daimler, później Mercedes), Vittorio Jano (Fiat) czy Ernest Henry (Peugeot). Fakt ten sprawiał, że silniki te były trwałe i dopracowane konstrukcyjnie.

W samej Wielkiej Brytanii rzeczywistość ta kształtowała się odmiennie. Wspomniany wyżej „Red Flag Act" uchwalony przez parlament w roku 1865 ograniczający znacznie poruszanie się pojazdów mechanicznych na drogach i ich prędkości wpłynął destrukcyjnie na myśl konstruktorską w zakresie budowy silników wszelkich typów. Zniesiono go wprawdzie w roku 1896, ale luka jaką wytworzył w rozwoju napędów była trudna do wypełnienia. Czasowo mogły jej zaradzić licencje.

Cokolwiek jednak powiemy o wadach silników rotacyjnych, to przydatność silników spalinowych wywodzących się z samochodowych „stałych" końca XIX i początku XX wieku była dla lotnictwa zdecydowanie mniejszą. Przyczyniały się do tego głównie masy średnio o 50% większe przy podobnych mocach, (np. rotacyjny Clerget 11 EB – 1,06 kg/KM i rzędowy chłodzony wodą Austro Daimler KM – 1,7 kg/KM) wynikające z rodzaju chłodzenia. Niekorzystne były również rozwiązania technologiczne z małym udziałem metali lekkich i rozwiązania konstrukcyjne opierające się na sztywności karteru.

engineers were unable to develop sufficiently good rotaries, confining their efforts to creating better or worse copies (e.g. Oberursel-Gnome), or poor quality constructions of their own (e.g. Siemens). It was a kind of paradox, for the Seguin brothers had begun their work with a license for an Oberursel Motoren Gesselschaft engine.

The classic German engine continued to be one descended from the automobile construction: water-cooled, overhead valve, single-cylinder (Mercedes, Maybach, BMW). The Austrian Austro-Daimler was similar. The automotive industry strongly developed at that period, with excellent designers and engineers working on the construction of automobile power plants (and derived aircraft engines). These were: Max Fritz (BMW), Ferdinand Porsche (Austro-Daimler, later Mercedes), Vittorio Jano (Fiat), or Ernest Henry (Peugeot). This fact caused these engines to be durable and constructionally worked out.

The situation in Great Britain looked different. The already mentioned Red Flag Act passed by the Parliament in 1865 imposed strong restrictions on mechanical vehicles' traffic and speed, thus having a negative influence on the knowledge of engine construction in general. Even though it was repealed in 1896, the gap that it had created in the development of power plants was hard to fill. For the time being, licenses were able to help.

Whatever be said of the flaws of the rotary engines, still, the usefulness of the gas engines derived from the "stationary" automotive constructions of the end of the 19th and beginning of 20th centuries was much less in aircraft construction. This was mainly due to their weights, being 50% greater on average with comparable powers (e.g. the rotary Clerget 11 EB – 1.06

(J. M. Bruce via E. Kocent-Zieliński)

Odsłonięty silnik Hispano Suiza 150 KM w S.E. 5. Silniki te łatwo poznać po charakterystycznym kształcie górnej części chłodnicy. Żaluzje w górnej części wskazują na późną serię S.E. 5.

The uncovered Hispano-Suiza 150 HP engine in an S.E. 5. It's an easy engine to recognize due to the characteristic upper shape of the radiator. The radiator shutters suggest that this is a later S.E. 5.

Dylematy napędu

Zapotrzebowanie na silniki efektywniejsze, jakie wynikło w toku wojny nie rokowało zatem przyszłości dotychczasowym zespołom napędowym. Było pewnym, że przewagę w powietrzu uzyska ten, kto zbuduje silnik o mniejszej masie jednostkowej, opierający się na innych koncepcjach i technologiach.

W roku 1904, w Barcelonie powstała założona przez Szwajcara, inż. Marca Birkigta, będącego zarazem głównym konstruktorem firma Sociedad Hispano-Suiza produkująca doskonałe (i bardzo drogie) samochody. Rychło, bo w roku 1911 uruchomione zostały jej filie we Francji, początkowo w Levallois-Perret, a później w Bois-Colombes.

Tu właśnie, w roku 1914 opracowano, wzorując się na doświadczeniach samochodowych, silnik lotniczy nowej generacji będący rewelacją zarówno konstrukcyjną, jak i technologiczną, zakładającą jak najszersze zastosowanie lekkich stopów.

Miał on układ V, 8-cylindrowy o kącie rozwarcia cylindrów 90 stopni. Był chłodzony wodą. Całość kadłuba stanowił odlew „monobloc" ze stopu lekkiego, zawierający integralne kanały ssące, wydechowe i wodne. Cienkościenne, zamknięte tuleje cylindrowe, wykonane ze stali wkręcane były w blok, co zapewniało szczelność i doskonałe odprowadzenie ciepła.

Rozrząd był typu OHC, „overhead camshaft", górno zaworowy, w którym wałki rozrządu umieszczone nad głowicami napędzane są przez stożkowe przekładnie tzw. „wałkiem królewskim".

kg/HP and in-line water-cooled Austro Daimler KM – 1.7 kg/HP), and resulting, among others, from the type of cooling system. Of bad influence were also technologies with low percentage of light metals and solutions based on the rigidity of the crankcase.

The demand for more efficient engines that occurred during the war did not give good prospects to the existing systems. It was certain that air supremacy would be enjoyed by those who built a lighter engine based on other concepts and technologies.

In 1904 Swiss engineer Marc Birkigt established Sociedad Hispano-Suiza in Barcelona, which manufactured excellent (and very expensive) cars and where he was the chief constructor. As soon as 1911 the company opened branch factories in France, initially in Levallois-Perret, and later on in Bois-Colombes. It was here in 1914 that, using the automotive expertise, a new-generation aircraft engine was developed, a revolution both construction-wise and technologically, assuming the widest possible use of light alloys.

It was an 8-cylinder, 90-degree V-type, water-cooled. The whole block was a single monobloc light-alloy casting, containing the integral intake, exhaust, and water channels. The steel thin-walled, closed cylinder sleeves were screwed into the block, which ensured tightness and excellent heat dissipation.

The camshaft was the OHC-type (overhead camshaft), with valve shafts positioned over the heads and driven through bevel gears by a ver-

Przód typowego S.E. 5a z silnikiem Wolesley Viper bez reduktora. Duży okrągły otwór to wlot powietrza. Warto zwrócić uwagę na podwójne czołowe chłodnice. Śmigło okute mosiądzem na krawędziach natarcia.

The front of a typical S.E. 5a with a Wolseley Viper direct drive engine. The large round opening between the double radiator is the air intake. Leading edges of the propeller are reinforced with brass plate.

(J. M. Bruce via E. Kocent-Zieliński)

Przód samolotu z silnikiem Viper po zdjęciu osłony i żaluzji przed chłodnicami. Doskonale widoczne późne chłodnice i ich struktura, wlot powietrza nad śmigłem i rurki synchronizatora Constatinesco.

The front of a plane with a Viper engine. The engine fairing and radiator shutters have been removed. This is an excellent view of the radiator sections and their design, the air intake above the propeller hub and the Constantinesco synchronizer.

(J. M. Bruce via E. Kocent-Zieliński)

Układ silnika sprzyjał skróceniu wału korbowego, eliminując w znacznym stopniu możliwość powstania drgań skrętnych. Sztywność całości utrzymywał blok cylindrów, a nie jak dotychczas karter, co pozwalało na znaczne zmniejszenie masy karteru.

Badania próbne, przeprowadzone w lutym roku 1915 w Barcelonie wykazały moc 140 KM (103 kW) przy 1400 obr/min i ciężarze 150 kg. Silnikiem zainteresowało się dowództwo lotnictwa francuskiego. Dwa egzemplarze przebadano w Chalais-Meudon, gdzie po drobnych poprawkach uzyskano moc 150 KM (110 kW) przy

tical bevel drive shaft. The engine layout conduced to the shortening of the camshaft, significantly eliminating possibility of induction of torsional vibration. The rigidity of the construction was ensured by the cylinder block and not, as had been done so far, by the crankcase, which allowed big reduction of the crankcase weight.

Initial tests carried out in February 1915 in Barcelona indicated a power of 140 HP (103kW) at 1,400 RPM and a weight of 150 kg. The engine raised the interest of the French air force. Two units were tested at Chalais-Meudon,

Kabina z charakterystycznym dla wczesnych S.E. 5 wiatrochronem. Na umocowaniu Fostera przesunięty w dół km Lewis bez magazynka.

The cockpit with a windscreen characteristic of early S.E. 5s. On the Foster mount is a Lewis machine gun (without magazine).

(J. M. Bruce via E. Kocent-Zieliński)

1550 obr/min w ciągu 30 godzin bezawaryjnej pracy.

Hispano-Suiza 8A, bo tak nazwano silnik, miał skok/średnicę cylindrów 130/120 mm, gaźnik Zenith-Duplex 48 DC, zapłon z dwu iskrowników Victrix HL8 i pojedynczą pompę olejową (układ z „suchą miską olejową"). Przy stopniu sprężania 4,7:1 osiągał ostatecznie moc trwałą 150 KM (110 kW) przy 1600-2000 obr./min (maks. 1888-2100). Napęd śmigła był bezpośredni.

Z uwagi na doskonałość konstrukcji i znaczne zamówienia ze strony wojska, zakład macierzysty przekazał licencję na produkcję silnika

Typowa kabina S.E. 5 Widoczne szczegóły drążka sterowego i sposób zamocowania wiatrochronu, pochodzącego z Avro 504.

A typical S.E. 5 cockpit with a nice view of the stick and the Avro 504 windscreen mount.

(J. M. Bruce via E. Kocent-Zieliński)

where slight improvements allowed it to achieve 150 HP (110 kW) at 1,550 RPM during thirty hours of failure-free work.

The Hispano-Suiza 8A, as the engine was called, had a cylinder bore/diameter of 130/120 mm, Zenith-Duplex 48 DC carburetor, twin magneto (Victrix HL8) ignition, and a single oil pump (dry sump oil system). With a compression ratio of 4.7:1, it eventually achieved a continuous power of 150 HP (110kW) at 1,600-2,000 RPM (max. 1,888-2,100). The prop had a direct drive.

Thanks to the perfect construction and high-volume orders from the military, the mother company let the HS8Aa be manufactured under license by other French companies – mainly automotive. Among these were: Peugeot, Delaunay-Belleville, Richard-Brasier and Societe Anonyme des Automobiles Aries.

Tests of production run engines carried out at Bois-Colombes in 1915 were witnessed by a representative of the RFC, Lt. Brooke-Popham, who highly estimated their usefulness. As a result, fifty HS engines for the RFC were delivered from Aries, and talks began concerning production under license. This very engine was decided to be used for the developed project of the S.E. 5.

For experimental purposes, one of the HS-8As was fitted into a BE-2c. Tests with it accounted for the initial positive French opinion and decided its use on the new fighter.

The prototypes

In September 1916 the Ministry of War placed an order with the Royal Aircraft Factory for three prototypes of the S.E. 5, designated respectively A4561 to A4563. This decision came only slightly ahead of another, made in October, which regarded the rollout of 24 aircraft (first production run) designated A4845 to A4868.

The first prototype, A4561, was test-flown on November 21, 1916 by Maj. F. W. Goodden. It had the HS8A engine (150 HP) that directly propelled a two-blade T28041 prop, with short exhaust pipes at the center of the exhaust manifold. Armament was not mounted, for the project assumed a machine gun to be fired through a hollowed prop shaft of the reduction gear, which the HS8A did not have. The pilot's cockpit had an extended windshield that partly enclosed the cockpit sides (later, pilots would call it the "greenhouse"). Compared to the design, there were quite a few divergences, e.g. in the fuel system.

The aircraft performed correctly but was no hit. It did not distinguish itself for either level flight speed or climb rate, which was probably due to the use of too weak an engine. It was also "sluggish" in maneuvering. This opinion

HS8Aa innym firmom francuskim – przeważnie samochodowym. Należały do nich: Peugeot, Delaunay-Belleville, Richard-Brasier i Societe Anonyme des Automobiles Aries.

W czasie przeprowadzania prób seryjnych silników jakie dokonywane były w Bois-Colombes w roku 1915, był obecny przedstawiciel RFC płk Brooke-Popham, który ocenił wysoko ich przydatność. Konsekwencją tego, było sprowadzenie dla potrzeb RFC z Aries 50 szt. silników HS i podjęcie rozmów dotyczących produkcji licencyjnej.

Ten właśnie silnik postanowiono zastosować do powstałego projektu samolotu S.E. 5.

W celach doświadczalnych, jeden z egzemplarzy silnika HS-8A zabudowano na samolocie BE-2c. Próby dokonane z nim potwierdziły poprzednie pozytywne opinie francuskie i przesądziły o zastosowaniu go w nowym myśliwcu.

Prototypy

We wrześniu 1916 roku Ministerstwo Wojny zleciło budowę w Royal Aircraft Factory trzech prototypów samolotu S.E. 5, które oznaczono A4561-A4563. Decyzja ta wyprzedziła nieco tylko następną, podjętą w październiku o budowie serii 24 szt. samolotów (I serii produkcyjnej) oznaczonej A4845-A4868.

I prototyp A4561 oblatany został 21 listopada 1916 roku przez mjr F.W. Gooddena. Miał silnik HS8A 150 KM napędzający bezpośrednio dwułopatowe śmigło typu T28041 i mający krótkie rury wydechowe w środku kolektora spalin. Uzbrojenia nie zamontowano, gdyż w/g projektu miał je stanowić km strzelający przez wydrążony wał śmigła reduktora. którego silnik HS8A nie miał. Kabina pilota miała przedłużony wiatrochron obejmujący część jej boków (nazywany później przez pilotów „oranżerią"). W stosunku do projektu, było sporo różnic np. w instalacji paliwowej.

Samolot wykazał poprawne własności pilotażowe, ale nie był rewelacją. Nie wyróżniał się ani prędkością poziomą ani wznoszeniem, co było zapewne konsekwencją zastosowania zbyt słabego silnika. Był także „opieszały" w manewrach. Opinie te potwierdzili oblatywacze, a także znany pilot, myśliwski kpt. A. Ball, który również wykonał na S.E. 5 lot próbny.

Przygotowano do lotu drugi prototyp A4562. Z tym samym silnikiem HS-8A 150 KM (110 kW) uzyskano w próbach następujące osiągi (oblatał go także mjr Goodden w dniach 4-6 grudnia 1916 roku):
- przy ciężarze całkowitym 1828 lb (829,5 kg) osiągnięto prędkość 127,5 mph. (205 km/h) na wysokości 1300 ft. (400 m) i 116 mph. (186 km/h) na wysokości 9000 ft. (2475 m);
- wznoszenie na 5000 ft. (1525 m) 4 min 55 s i na 10000 ft. (3050 m) 12 min 25 s.

(J. M. Bruce via E. Kocent-Zieliński)

was confirmed by test pilots as well as a renown fighter pilot, Cap. A. Ball, who also had a test flight in the S.E. 5.

The second prototype, A4562, was prepared for flight. With the same engine installed (HS-8A, 150 HP (110 kW)), the following results were achieved in tests (this one was also test-flown by Maj. Goodden on December 4-6, 1916):

(J. M. Bruce via E. Kocent-Zieliński)

Lewa połowa tablicy przyrządów S.E. 5. Z prawej busola, na lewo od niej zawory paliwa, dalej w lewo wskaźnik temperatury chłodnicy i manometr ładowania. Widoczna też połowa orczyka i wczesny uchwyt drążka sterowego.

The left half of the instrument panel in a S.E. 5. On the right side is the compass, further left are the fuel valves, water temperature gauge and voltage gauge. Also visible is one of the rudder pedals and an early type stick.

Prawa połowa tablicy przyrządów S.E. 5. Z lewej busola, pod nią chyłomierz, w górnym rzędzie od lewej: manometr oleju i obrotomierz, niżej prędkościomierz. Płasko położony wysokościomierz.

The right half of the instrument panel. On the left is the compass, below that is the clinometer, above the compass is the oil pressure gauge, to the right is the RPM indicator, and below that the speedometer. Next to the speedometer is the altimeter (mounted in the shelf).

Produkcja i serie produkcyjne. Licencje i montaż

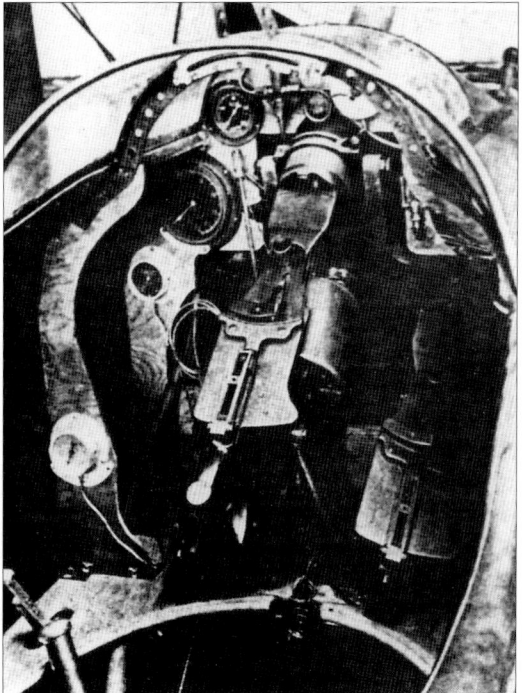

Próba uzbrojenia wczesnego S.E. 5 w dwa km Vickers Mk. I. Zdjęcie to dobrze ilustruje, jak w wersji z dużym wiatrochronem poradzono sobie z problemem dostępu do zamka km. Rozwiązanie to stwarzało jednak niemałe zagrożenie w razie awaryjnego lądowania.

An attempt at arming an early S.E. 5 with two Vickers Mk. I machine guns. This photo shows how the problem of reaching the breech was solved in models with a large windscreen. The solution itself created a danger during emergency landings.

(J. M. Bruce via E. Kocent-Zieliński)

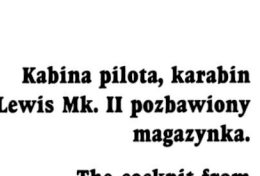

Kabina pilota, karabin Lewis Mk. II pozbawiony magazynka.

The cockpit from another angle showing a Lewis Mk. II machine gun without its magazine.

Samolot został w kolejnym locie uszkodzony i przy okazji naprawy nieco zmieniono podwozie, płozę ogonową i śmigło. Zdecydowano się także na zabudowę km Vickers 0.303 (7,7 mm) strzelającego przez śmigło i synchronizowanego przez nowo wynaleziony przez inż. Goguo Constantinesco (Rumuna z pochodzenia) impulsowy układ hydrauliczny typu GC o dużym stopniu niezawodności, zamiast dotychczas stosowanych mocno niepewnych układów mechanicznych. Ponadto zainstalowano drugi km Lewis (także kal. 7,7 mm) na specjalnej lawecie typu Foster nad górnym płatem strzelający poza kręgiem śmigła. Zmienione zostały zbiorniki paliwa i wody. Zastosowano celowniki optyczne Aldisa i zwykłe z muszką kołową, inną osłonę kabiny, a także wiatraczkową pompę paliwa na

(J. M. Bruce via E. Kocent-Zieliński)

– with total weight of 1,828 lbs (829.5 kg) attained 127.5 mph (205 km/h) at 1,300 ft (400 m) and 116 mph (186.6 km/h) at 9,000 ft (2,475 m);
– time to 5,000 ft (1,525 m) – 4 min 55 sec; to 10,000 ft (3,050 m) – 12 min 25 sec.

The machine was damaged during the next flight and, taking the opportunity, the repaired aircraft had the landing gear, tail skid and propeller slightly modified. Also, the Vickers cal. 0.303" (7.7 mm) machine gun was now encased and fired through the prop, synchronized by the newly invented (by engineer Goguo Constantinesco of Romanian descent) GC-type hydraulic interrupter of high reliability instead of the unreliable mechanical gear used to date. Moreover, a second Lewis (also cal. 7.7 mm) machine gun was installed on a Foster mounting above the center section of the wing, and this was fired outside of the propeller area. The fuel and water tanks were replaced. Aldis telescopic gunsights as well as regular ones, with a round muzzle sight, were used. The windshield was different; also the vane fuel pump on the lower port wing. The wings' angle of incidence was lowered down to 2°3". The first prototype, A4561, was probably modified at the same time.

Simultaneously, comparison tests were carried out of the second prototype and the Spad VIIc1. In general, the advantage was the S.E. 5's, which was both faster and more agile.

The third prototype, A4563, was also finished. This one was equipped with the earlier delivered 200 HP HS engine with a reduction gear. This aircraft differed from the predecessors in having a larger-diameter propeller and a different housing for the power unit. It was required by the geared engine, which worked with a different radiator. The gravity tank of the fuel system was built into the wing center section. The windshield was replaced by a semi-circular one. No armament was fitted.

A4563 was test-flown by Maj. F. Goodden on January 16, 1917. Despite the better results achieved by the third prototype, these being: 121 mph (194.5 km/h) at 15,000 ft (4,572 m); time to 10,000 ft (3,050 m) – 10 min 20 sec, and despite the crash of the second prototype caused by the too low strength of the struts and interplane bay (Maj. Goodden died in the process), it was the very A4562 that became the pick for the first production batch.

Manufacturing and production runs. Licenses and assembly

First production run

The first rollout of the RAF consisted of 24 aircraft (A4845-A4868) test-flown on March 2-April 3, 1917. The model for these was A4845, pro-

lewym dolnym płacie. Zmniejszono wznios płatów na 2°3". Prawdopodobnie w tym samym czasie zmodyfikowano pierwszy prototyp A4561. Równocześnie przeprowadzano próby porównawcze drugiego prototypu ze Spadem VIIC1. Wypadły one ogólnie mówiąc na korzyść S.E. 5, który był i szybszy i zwrotniejszy.

Ukończony został także trzeci prototyp – A4563. Ten z kolei został wyposażony w sprowadzony uprzednio silnik HS 200 KM z reduktorem. Egzemplarz ten różnił się od swych poprzedników śmigłem o większej średnicy i odmienną obudową zespołu napędowego. Spowodowane to było zastosowaniem silnika z reduktorem, pracującego z inną chłodnicą. Opadowy zbiornik paliwa wbudowano w baldachim płata. Osłonę kabiny zmieniono na półkolistą. Nie zamontowano uzbrojenia.

A4563 oblatał mjr F. Gooddden 16 stycznia 1917 roku. Mimo lepszych osiągów uzyskanych przez trzeci prototyp – prędkość 121 mph (194 km/h) na 15000 ft. (4572 m), wznoszenia na 10000 ft (3050 m) 10 min 20 s – i mimo katastrofy drugiego prototypu, spowodowanej zbyt małą wytrzymałością okuć i komory płatów (zginął w niej mjr Gooddden), właśnie A4562 stał się prototypem dla I serii produkcyjnej.

Produkcja i serie produkcyjne. Licencje i montaż

Pierwsza seria produkcyjna
Pierwsza seria zbudowana w RAF liczyła 24 samoloty (A4845-A4868) oblatane w czasie od 2 marca do 3 kwietnia 1917 roku. Wzorem dla niej był egzemplarz A4845 napędzany silnikiem HS8A 150 KM (110 kW) bez przekładni. Miał wiatraczkową pompę paliwa i zmieniony kolektor wydechowy o kształcie litery L z wylotem z przodu, asymetryczny wiatrochron kabiny, celownik Aldisa oraz wyżej umieszczone siedzenie pilota.

Badania przeprowadzone w Martlesham Heath wykazały, że jest on nieco gorszy od A4562, mniej zwrotny o mniejszym wznoszeniu. Samoloty seryjne też nie były jednakowe: 21 sztuk miało silniki z Aries, pozostałe French HS, English Wolseley Motors Ltd. Birmingham i HS Paris. Śmigła były także różnych typów.

Eksploatacja tej serii wykazała niedoskonałość samolotu. Były także kłopoty z umieszczeniem uzbrojenia i widocznością. Dlatego też, w egzemplarzach A4850-A4853 zastosowano wiatrochrony od Avro 504 i zmieniono pokrycie przodu kadłuba. Obniżono siedzenie pilota. Przebudowie uległa instalacja paliwa, zbiornik opadowy wbudowano w centropłat górny, co zmniejszyło opory (poprzednio był nad nim). Zmieniono także koła z 700x100 na koła od Bristola 700x75 z oponami wysokiego ciśnienia

(J. M. Bruce via E. Kocent-Zieliński)

pelled by the gearless HS8A rated at 150 HP (110 kW). It had a vane fuel pump and a modified exhaust manifold shaped into an "L" with the exhaust in the front, an asymmetrical windshield, an Aldis gunsight, and a higher placed pilot's seat.

Tests at Martlesham Heath proved it slightly worse than A4562, less agile and with a lower rate of climb. The aircraft of the batch were not identical, either, 21 being fitted with engines from Aries, and the others respectively with the French HS, English Wolseley Motors Ltd. Birmingham and HS of Paris. Also the airscrews were of various types.

This batch showed the aircraft's deficiencies in use. Problems occurred also with the

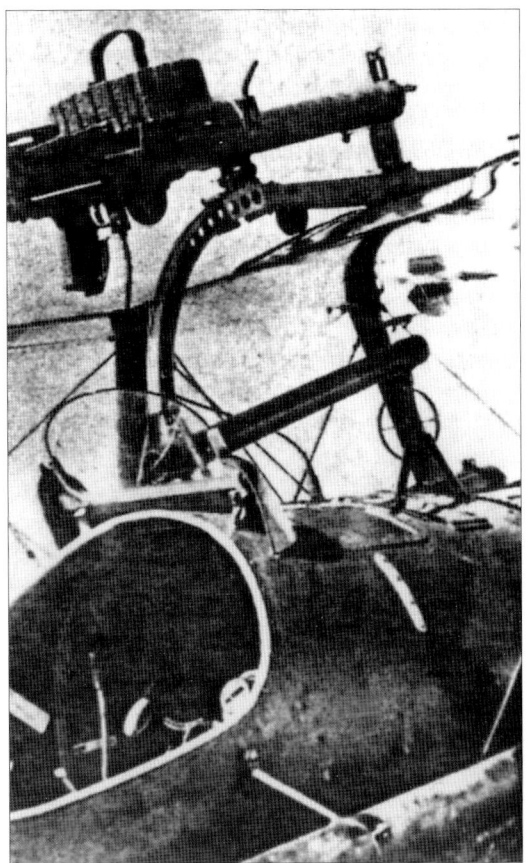
(J. M. Bruce via E. Kocent-Zieliński)

Wymiana magazynka w karabinie maszynowym Lewis Mk. 2. W S.E. 5a zamontowano nowe zamocowanie Fostera. Było nieco dłuższe niż w S.E. 5, co ułatwiało wymianę magazynka.

Changing the magazine on a Lewis Mk. 2. In the S.E. 5a a new, slightly longer Foster mount was used which made changing the magazine easier.

Karabin maszynowy Lewis na zamocowaniu Fostera, dobrze widoczny celownik Aldis i zwykła muszka kołowa dla kadłubowego km Vickers. Warto zwrócić uwagę na kąt nachylenia broni i celownika w stosunku do osi samolotu (5 stopni).

A Lewis machine gun on a Foster mount with an Aldis sight and a regular sight for the fuselage mounted Vickers. The guns and sight were mounted at a 5 degree angle to the fuselage centerline.

Produkcja i serie produkcyjne. Licencje i montaż

S.E. 5a z czterołopatowym śmigłem, słabszą wersją podwozia i pionowymi żaluzjami na chłodnicach.

S.E. 5a with four-blade propeller, weaker undercarriage and vertical radiator shutters.

(J. M. Bruce via E. Kocent-Zieliński)

o defektach powstających przy lądowaniu (Brooke-Popham), a konstrukcja metalowa była jednak cięższa. Mimo tego, egzemplarze budowane później u Wolseleya miały golenie metalowe. Później wzmocniono także krawędź spływu płatów.

Wspomniane uprzednio załamanie się produkcji silników licencyjnych, spowodowało braki zespołów napędowych dla około 400 sztuk samolotów. Trudną w tym względzie sytuację uratowała częściowa realizacja zamówień złożonych uprzednio przez RNAS we Francji. Uzyskanie z Francji silników pozwoliło 400 samolotów odesłać na front w styczniu 1917 roku.

Z czasem produkcja samolotów S.E. 5a rozszerzyła się na wiele zakładów brytyjskiego przemysłu lotniczego. Różne źródła podają rozmaite ilości samolotów S.E. wyprodukowanych do końca wojny. Spowodowane jest to głównie sposobami liczenia samolotów np. nie liczenia prototypów lub serii prototypowej. Najbardziej wiarygodnym jest zapewne obliczenie brytyjskie (Aeroplane Monthly), podawane za oficjalnymi statystykami zamieszczonymi w pracy „The War in the Air" t. III, rozdział VII, liczone na podstawie kolejnych oznaczeń fabrycznych. I tak: podaje ono całkowitą ilość zbudowanych

Contracts for batch production of the S.E. were signed with the following companies:
- Royal Aircraft Factory, Farnborough, Hants;
- Austin Motor Co. (1914) Ltd., Northfield, Birmingham;
- Bleriot&Spad Ltd. (later renamed The Air Navigation Co. Ltd.), Addlerstone, Surrey;
- Martinsyde Ltd., Brooklands, Byfleet, Surrey;
- Vickers Ltd., (Aviation Department), Imperial Court, Basil Street, Knightbridge, London, SW (production in Crayford and Weybridge);
- Wolseley Motors Ltd., Adderley Park, Birmingham.

The companies whose contracts were canceled prior to actual production or taken away and given to other companies were:
- Grahame White Aviation Co. Ltd., Hendon (contract given to Wolseley);
- Newport & General Aircraft Co. Ltd., Langton Road, Circlewood, London, NW2;
- Whitehead Aircraft Co., Richmond.

S.E.s were manufactured by the above factories in a range of runs, wherefore they received various numberings. This looked as follows: A4561-A4563 – Royal Aircraft Factory; A4845-A4868 – Royal Aircraft Factory; A8898-

Samolot S.E. 5a z silnikiem bez reduktora, produkcji macierzystych zakładów Royal Aircraft Factory.

A Royal Aircraft Factory S.E. 5a with direct drive engine.

(J. M. Bruce via E. Kocent-Zieliński)

lewym dolnym płacie. Zmniejszono wznios płatów na 2°3". Prawdopodobnie w tym samym czasie zmodyfikowano pierwszy prototyp A4561. Równocześnie przeprowadzano próby porównawcze drugiego prototypu ze Spadem VIIC1. Wypadły one ogólnie mówiąc na korzyść S.E. 5, który był i szybszy i zwrotniejszy.

Ukończony został także trzeci prototyp – A4563. Ten z kolei został wyposażony w sprowadzony uprzednio silnik HS 200 KM z reduktorem. Egzemplarz ten różnił się od swych poprzedników śmigłem o większej średnicy i odmienną obudową zespołu napędowego. Spowodowane to było zastosowaniem silnika z reduktorem, pracującego z inną chłodnicą. Opadowy zbiornik paliwa wbudowano w baldachim płata. Osłonę kabiny zmieniono na półkolistą. Nie zamontowano uzbrojenia.

A4563 oblatał mjr F. Goodden 16 stycznia 1917 roku. Mimo lepszych osiągów uzyskanych przez trzeci prototyp – prędkość 121 mph (194 km/h) na 15000 ft. (4572 m), wznoszenia na 10000 ft (3050 m) 10 min 20 s – i mimo katastrofy drugiego prototypu, spowodowanej zbyt małą wytrzymałością okuć i komory płatów (zginął w niej mjr Goodden), właśnie A4562 stał się prototypem dla I serii produkcyjnej.

Produkcja i serie produkcyjne. Licencje i montaż

Pierwsza seria produkcyjna

Pierwsza seria zbudowana w RAF liczyła 24 samoloty (A4845-A4868) oblatane w czasie od 2 marca do 3 kwietnia 1917 roku. Wzorem dla niej był egzemplarz A4845 napędzany silnikiem HS8A 150 KM (110 kW) bez przekładni. Miał wiatraczkową pompę paliwa i zmieniony kolektor wydechowy o kształcie litery L z wylotem z przodu, asymetryczny wiatrochron kabiny, celownik Aldisa oraz wyżej umieszczone siedzenie pilota.

Badania przeprowadzone w Martlesham Heath wykazały, że jest on nieco gorszy od A4562, mniej zwrotny o mniejszym wznoszeniu. Samoloty seryjne też nie były jednakowe: 21 sztuk miało silniki z Aries, pozostałe French HS, English Wolseley Motors Ltd. Birmingham i HS Paris. Śmigła były także różnych typów.

Eksploatacja tej serii wykazała niedoskonałość samolotu. Były także kłopoty z umieszczeniem uzbrojenia i widocznością. Dlatego też, w egzemplarzach A4850-A4853 zastosowano wiatrochrony od Avro 504 i zmieniono pokrycie przodu kadłuba. Obniżono siedzenie pilota. Przebudowie uległa instalacja paliwa, zbiornik opadowy wbudowano w centropłat górny, co zmniejszyło opory (poprzednio był nad nim). Zmieniono także koła z 700x100 na koła od Bristola 700x75 z oponami wysokiego ciśnienia

(J. M. Bruce via E. Kocent-Zieliński)

pelled by the gearless HS8A rated at 150 HP (110 kW). It had a vane fuel pump and a modified exhaust manifold shaped into an "L" with the exhaust in the front, an asymmetrical windshield, an Aldis gunsight, and a higher placed pilot's seat.

Tests at Martlesham Heath proved it slightly worse than A4562, less agile and with a lower rate of climb. The aircraft of the batch were not identical, either, 21 being fitted with engines from Aries, and the others respectively with the French HS, English Wolseley Motors Ltd. Birmingham and HS of Paris. Also the airscrews were of various types.

This batch showed the aircraft's deficiencies in use. Problems occurred also with the

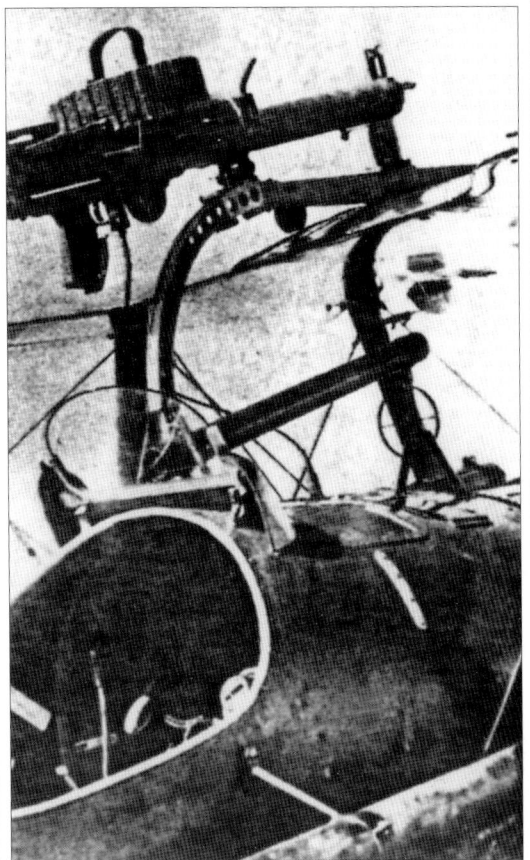
(J. M. Bruce via E. Kocent-Zieliński)

Wymiana magazynka w karabinie maszynowym Lewis Mk. 2. W S.E. 5a zamontowano nowe zamocowanie Fostera. Było nieco dłuższe niż w S.E. 5, co ułatwiało wymianę magazynka.

Changing the magazine on a Lewis Mk. 2. In the S.E. 5a a new, slightly longer Foster mount was used which made changing the magazine easier.

Karabin maszynowy Lewis na zamocowaniu Fostera, dobrze widoczny celownik Aldis i zwykła muszka kołowa dla kadłubowego km Vickers. Warto zwrócić uwagę na kąt nachylenia broni i celownika w stosunku do osi samolotu (5 stopni).

A Lewis machine gun on a Foster mount with an Aldis sight and a regular sight for the fuselage mounted Vickers. The guns and sight were mounted at a 5 degree angle to the fuselage centerline.

Produkcja i serie produkcyjne. Licencje i montaż

Samolot z silnikiem Hispano-Suiza 200 KM z reduktorem wyposażony w podkadłubowe zaczepy bomb Cooper. Nie montowano ich w fabrykach, lecz doraźnie w dywizjonach.

Here with a Hispano-Suiza 200 HP geared engine and Cooper bomb racks, which were not factory mounted but attached by squadron mechanics.

(J. M. Bruce via E. Kocent-Zieliński)

typu Palmer. Golenie podwozia przesunięto do przodu. W instalacji silnika zastosowano iskrowniki BTH (British Thomson – Houston) i mechaniczną pompę paliwa. Rury wydechowe przedłużono za kabinę (były to rury od Spada VII). Podstawową jednakże modyfikacją było skrócenie lotek i zmniejszenie rozpiętości skrzydeł z 27 ft i 11" (8,5 m) do 26 ft (7,92 m). Zmiany te postanowiono wprowadzić do II serii produkcyjnej.

Druga seria produkcyjna. Samolot S.E. 5a. Rozmiary i problemy produkcji wielkoseryjnej

Seria ta powstała w Royal Aircraft Factory (kwiecień-lipiec 1917) i zawierała różne odmiany samolotu: 35 sztuk miało silniki bezreduktorowe Wolseley 150 KM, ze śmigłem standardowym T28086 dla silników angielskich. Pozostałe, a mianowicie: A8923, A8924-A8927, A8935, A8938, A8939, A8941-A8947, miały silniki Wolseley 200 KM reduktorowe. We wszystkich egzemplarzach serii zmniejszono rozpiętość płatów i zwężono lotki, co poprawiło zwrotność i sterowność. Wersję tak

placement of armament and with visibility. Therefore windshields from the Avro 504 were used on A4850 through A4853, and the front fuselage covering was changed. The pilot's seat was lowered. The fuel installation was rearranged, the gravity tank being built into the wing center section (so far it had been above it), which reduced drag. Also the wheels were changed from 700x100 to Bristol 700x75 with Palmer high pressure tires. The landing gear legs were moved forward. The engine installation received BTH (British Thomson-Houston) magnetos and a mechanical fuel pump. The exhaust pipes were extended behind the cockpit (these were the Spad VII's pipes). But the basic modification was to shorten the ailerons and reduce wing span from 27 ft 11" (8.5 m) down to 26 ft (7.92 m). These changes were to be implemented in the second batch.

Second production run. The S.E. 5a. The large-volume production numbers and difficulties

This batch rolled out of the Royal Aircraft Factory (April-July 1917) and ii, too, comprised of a few variants of the aircraft. 35 had 150 HP Wolseley gearless engines and the T28086 airscrew, standard with English engines. The others, i.e. A8923, A8924-A8927, A8935, A8938, A8939, A8941-A8947, had 200 HP Wolseley engines with reduction gear. All the aircraft of the batch had a reduced wing span and narrowed ailerons, which improved agility and maneuverability. Thus modified, this 200 HP version with a four-bladed airscrew was named S.E. 5a, though actually the aircraft so designated did not always have this version's characteristic features. The first one that implemented the 5a specs was A8944 (Viper engine at 200 HP with 24:41 transmission).

The other variant, with 150 HP engines, was similar to the first. It had a bigger windshield, external gravity tank and short L-shaped exhaust pipes. These machines were fitted with Viper-type radiators with shutters over the upper half.

The much better performance of the aircraft tuned up to the 5a version decided the manufacture of the aircraft being entrusted to other companies. The A4563 prototype was set up to become the model, with a four-bladed prop and 200 HP engine. This aircraft, fully equipped and armed, attained a speed of 121 mph (195 km/h) at 15,000 ft (4,572 m), climbing to this altitude in 18 min 50 sec, its ceiling being 22,000 ft (6,705 m). It performed well and provided good visibility from the cockpit. In April 1917 it received metal landing gear.

The S.E. 5a made its way into large-volume production. In the beginning, the following companies took care of its manufacture: Martinsyde Ltd., making 3-6 aircraft a week and Vickers, making 6-10 aircraft a week.

Podwozie S.E. 5a z widocznym dodatkowym pazurem do hamowania

The S.E. 5a undercarriage with brake claw.

(J. M. Bruce via E. Kocent-Zieliński)

Manufacturing and production runs. Licenses and assembly

zmodyfikowaną i wyposażoną w silnik 200 KM z czterołopatowym śmigłem nazwano S.E. 5a, choć w praktyce samoloty w ten sposób oznaczane nie zawsze miały jej cechy charakterystyczne.

Pierwszym z nich, który odpowiadał typowi 5a, był A8944 (silnik Viper 200 KM z przekładnią 24:41).

Egzemplarze serii drugiej, z silnikami 150 KM podobne były do serii pierwszej. Miały większy wiatrochron, zewnętrzny zbiornik opadowy i krótkie rury wydechowe o kształcie litery „L". Wyposażone były w chłodnice typu Viper z żaluzjami nad górną połową.

Ze względu na znacznie lepsze osiągi zmodyfikowanych na „5a" płatowców, zdecydowano przekazać ich produkcję innym zakładom. Jako egzemplarz wzorcowy przebudowano prototyp A4563 z czterołopatowym śmigłem i silnikiem 200 KM. Samolot ten, kompletnie wyposażony i uzbrojony osiągał prędkość 121 mph (195 km/h) na 15000 ft (4572 m) z wznoszeniem na tę wysokość w 18 min 50 s i maksymalnym pułapem 22000 ft (6705 m). Miał dobre własności lotne i dobrą widoczność z kabiny. W kwietniu 1917 roku otrzymał metalowe podwozie.

S.E. 5a wszedł do wielkoseryjnej produkcji. Zajęły się nią początkowo zakłady Martinsyde Ltd (z produkcją 3-6 sztuk tygodniowo) i Vickers (z produkcją 6-10 sztuk tygodniowo).

Część samolotów opisanej wyżej II serii przebudowano później zamieniając silniki 150 KM na 200 KM (np. A8898). Zamiana ta na ogół pociągała za sobą zmianę goleni podwozia na stalowe, gdyż silniki 200 KM były cięższe; drewniane podwozie było zbyt słabe. Zakłady Vickersa przebudowały także tylną część kadłuba, zmieniając nieco jego kratownicę (w roku 1918).

Egzemplarz A8938 miał zabudowany specjalny silnik, prócz tego służył do prób kompensacji usterzeń, 10" lotek innej szerokości i prób zmian wzniosu skrzydeł do 2°3' (luty 1918).

W pewnej ilości egzemplarzy wprowadzono (1917) inny typ drewnianych goleni mocniejszej konstrukcji. Spowodowały to meldunki

Part of the above-mentioned other-variant 150 HP machines were later refitted with 200 HP engines (e.g. A8898). This changed had to be usually followed by the change of the landing gear legs to steel ones, as 200 HP engines were heavier and the wooden landing gear too weak. Vickers factories also rebuilt the rear part of the fuselage, changing the airframe a little (in 1918).

A8938 had a special engine built in, and besides it was used for tests of control surface compensation, 10" ailerons of a different width, and change of wing incidence angle to 2°3' (February 1918).

On some aircraft, another type of wooden legs of a stronger construction was introduced (1917). This was caused by reported defects resulting from landing (Brooke-Popham), and the metal construction was still heavier. Despite this, the later units built by Wolseley had metal legs. Later on, also the trailing edge of the wings was reinforced.

The aforementioned breakdown of licensed engine production caused lacks of power plants for some 400 aircraft. The problem was resolved by partial processing of the orders placed earlier by the RNAS in France. The French delivery of engines allowed dispatch of 400 aircraft to the front in January 1917.

With the course of time, the manufacture of the S.E. 5a expanded to many factories of the British aircraft industry. Various sources give different numbers of S.E.s manufactured by the end of the war. This is due to inconsistencies in counting the aircraft, e.g. excluding the prototypes or the prototype batch. Arguably, the most credible is the British calculation (Aeroplane Monthly) based on the official stats given in "The War in the Air", vol. III, chapter VII, counted by consecutive factory designations. Thus, it assesses the total of manufactured S.E.s at 5,205 aircraft. Serial numbers were given to the three prototypes and 5,790 aircraft produced under contracts, of which 400 aircraft were canceled.

(J. M. Bruce via E. Kocent-Zieliński)

S.E. 5a ze zdemontowanym uzbrojeniem.

S.E. 5a with armament removed.

Produkcja i serie produkcyjne. Licencje i montaż

S.E. 5a z czterołopatowym śmigłem, słabszą wersją podwozia i pionowymi żaluzjami na chłodnicach.

S.E. 5a with four-blade propeller, weaker undercarriage and vertical radiator shutters.

(J. M. Bruce via E. Kocent-Zieliński)

o defektach powstających przy lądowaniu (Brooke-Popham), a konstrukcja metalowa była jednak cięższa. Mimo tego, egzemplarze budowane później u Wolseleya miały golenie metalowe. Później wzmocniono także krawędź spływu płatów.

Wspomniane uprzednio załamanie się produkcji silników licencyjnych, spowodowało braki zespołów napędowych dla około 400 sztuk samolotów. Trudną w tym względzie sytuację uratowała częściowa realizacja zamówień złożonych uprzednio przez RNAS we Francji. Uzyskanie z Francji silników pozwoliło 400 samolotów odesłać na front w styczniu 1917 roku.

Z czasem produkcja samolotów S.E. 5a rozszerzyła się na wiele zakładów brytyjskiego przemysłu lotniczego. Różne źródła podają rozmaite ilości samolotów S.E. wyprodukowanych do końca wojny. Spowodowane jest to głównie sposobami liczenia samolotów np. nie liczenia prototypów lub serii prototypowej. Najbardziej wiarygodnym jest zapewne obliczenie brytyjskie (Aeroplane Monthly), podawane za oficjalnymi statystykami zamieszczonymi w pracy „The War in the Air" t. III, rozdział VII, liczone na podstawie kolejnych oznaczeń fabrycznych. I tak: podaje ono całkowitą ilość zbudowanych

Contracts for batch production of the S.E. were signed with the following companies:
– Royal Aircraft Factory, Farnborough, Hants;
– Austin Motor Co. (1914) Ltd., Northfield, Birmingham;
– Bleriot&Spad Ltd. (later renamed The Air Navigation Co. Ltd.), Addlerstone, Surrey;
– Martinsyde Ltd., Brooklands, Byfleet, Surrey;
– Vickers Ltd., (Aviation Department), Imperial Court, Basil Street, Knightbridge, London, SW (production in Crayford and Weybridge);
– Wolseley Motors Ltd., Adderley Park, Birmingham.

The companies whose contracts were canceled prior to actual production or taken away and given to other companies were:
– Grahame White Aviation Co. Ltd., Hendon (contract given to Wolseley);
– Newport & General Aircraft Co. Ltd., Langton Road, Circlewood, London, NW2;
– Whitehead Aircraft Co., Richmond.

S.E.s were manufactured by the above factories in a range of runs, wherefore they received various numberings. This looked as follows: A4561-A4563 – Royal Aircraft Factory; A4845-A4868 – Royal Aircraft Factory; A8898-

Samolot S.E. 5a z silnikiem bez reduktora, produkcji macierzystych zakładów Royal Aircraft Factory.

A Royal Aircraft Factory S.E. 5a with direct drive engine.

(J. M. Bruce via E. Kocent-Zieliński)

Manufacturing and production runs. Licenses and assembly

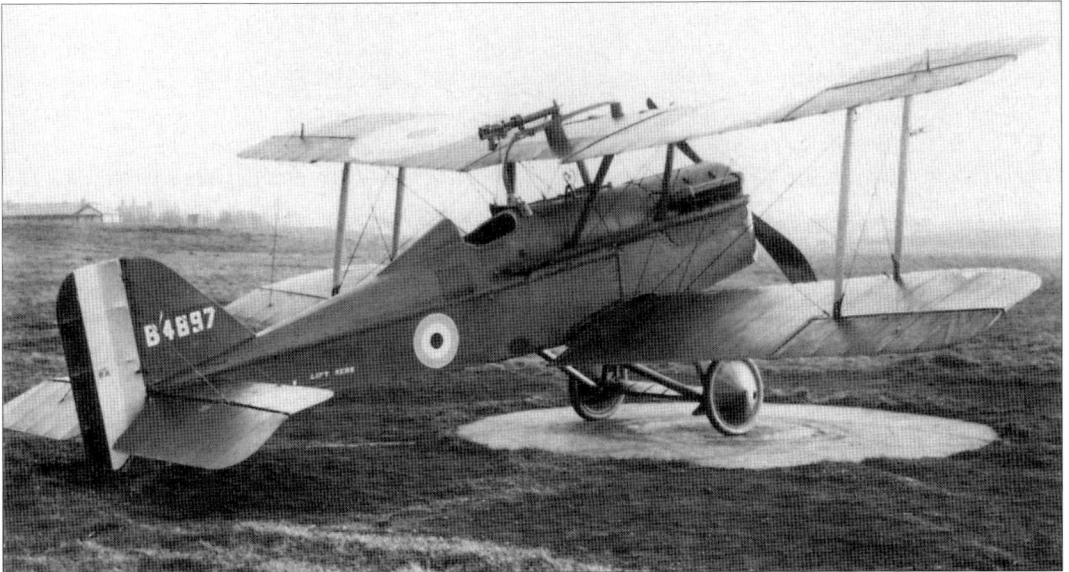

Jeden z ostatnich samolotów 4 serii Royal Aircraft Factory, dostarczony póżniej do 2 Squadronu AFC.

One of the last Royal Aircraft Factory's fourth series planes, later delivered to 2 Sqn. AFC.

(J. M. Bruce via E. Kocent-Zieliński)

samolotów S.E. na 5205 sztuk. Seryjne numery nadano trzem prototypom i 5790 samolotom objętym kontraktami produkcyjnymi, z których anulowano 400 sztuk.

Kontrakty na budowę seryjną samolotów S.E. przekazano firmom:
- Royal Aircraft Factory, Farnborough, Hants;
- Austin Motor Co (1914) Ltd. Northfield, Birmingham;
- Bleriot&Spad, Ltd. (później przemianowane na The Air Navigation – Co Ltd.) Addlerstone, Surrey;
- Martinsyde Ltd. Brooklands, Byfleet, Surrey;
- Vickers,Ltd. (Aviation Department), Imperial Court, Basil Street, Knightbridge, London, S.W. (produkcja w Crayford i Weybridge);
- Wolseley Motors, Ltd. Adderley Park, Birmingham.

Do firm, których kontrakty anulowano jeszcze przed podjęciem produkcji, bądź przekazano je innym zakładom należały:
- Grahame White Aviation Co Ltd. Hendon (kontrakt przekazany zakładom Wolseley);
- Newport & General Aircraft Co Ltd. Langton Road, Circklewood, London, N.W.2;
- Whitehead Aircraft Co. Richmond.

A8947 – Royal Aircraft Factory; B1-B200 – Martinsyde; B501-B700 – Vickers, Weybridge; B1001-B1100 – Whitehead (canceled); B4851-B4900 – Royal Aircraft Factory; B8231-B8580 – Austin; C1051-C1150 – Royal Aircraft Factory; C1751-C1950 – Bleriot; C5301-C5450 – Vickers, Crayford; C6351-C6500 – Wolseley (given to Grahame-White company); C7901-C8550 – Austin (serial numbers canceled, contract modified); C8661-C9310 – Austin; C9486-C9635 – Vickers, Weybridge; D201-D300 – Vickers, Weybridge; D301-D450 – Vickers, Crayford; D3426-D3575 – Vickers, Weybridge; D3941-D4010 – Martinsyde; D5951-D6200 – Vickers, Weybridge; D6851-D7000 – Wolseley; D7001-D7050 – Royal Aircraft Factory (probably for restored aircraft); D8431-D8580 – Vickers, Crayford; E1251-E1400 – Vickers, Weybridge; E3154-E3253 – Martinsyde; E3904-E4103 – Vickers, Weybridge; E5637-E5936 – Austin; E5937-E6036 – Air Navigation Co.; F551-F615 – Vickers, Crayford; F851-F950 – Wolseley; F5249-F5348 – Martinsyde; F5449-F5698 – Vickers, Weybridge; F7751-F7800 – Wolseley; F7951-F8200 – Austin; F8231-F8420 – Martinsyde; F8946-F9145 – Vickers, Weybridge; H674-H733 – Air Navigation Co.; H5291-H5540

(J. M. Bruce via E. Kocent-Zieliński)

Wczesnoseryjny S.E. 5a.

An early S.E. 5a.

Zespoły napędowe wersji produkcyjnych. Licencje

Samoloty S.E. były budowane przez wymienione zakłady w szeregu seriach, w związku z czym otrzymywały różne numeracje. Numeracje te przedstawiały się następująco: A4561-A4563 – Royal Aircraft Factory; A4845-A4868 – Royal Aircraft Factory; A8898-A8947 – Royal Aircraft Factory; B1-B200 – Martinsyde; B501-B700 – Vickers, Weybridge; B1001-B1100 – Whitehead (anulowane); B4851-B4900 – Royal Aircraft Factory; B8231-B8580 – Austin; C1051-C1150 – Royal Aircraft Factory; C1751-C1950 – Bleriot; C5301-C5450 – Vickers, Crayford; C6351-C6500 – Wolseley (przekazano firmie Grahame-White); C7901-C8550 – Austin (anulowano numerację i zmieniono kontrakt); C8661-C9310 – Austin; C9486-C9635 – Vickers, Weybridge; D201-D300 – Vickers, Weybridge; D301-D450 – Vickers, Crayford; D3426-D3575 – Vickers, Weybridge; D3941-D4010 – Martinsyde; D5951-D6200 – Vickers, Weybridge; D6851-D7000 – Wolseley; D7001-D7050 – Royal Aircraft Factory (prawdopodobnie dla samolotów rekonstruowanych); D8431-D8580 – Vickers, Crayford; E1251-E1400 – Vickers, Weybridge; E3154-E3253 – Martinsyde; E3904-E4103 – Vickers, Weybridge; E5637-E5936 – Austin; E5937-E6036 – Air Navigation Co.; F551-F615 – Vickers, Crayford; F851-F950 – Wolseley; F5249-F5348 – Martinsyde; F5449-F5698 – Vickers, Weybridge; F7751-F7800 – Wolseley; F7951-F8200 – Austin; F8231-F8420 – Martinsyde; F8946-F9145 – Vickers, Weybridge; H674-H733 – Air Navigation Co.; H5291-H5540 – Austin (anulowano); N6030-N6079 – (przewidzianą dla S.E. 5 numerację otrzymały samoloty Nieuport 17bis.

Pewna ilość samolotów S.E. 5a została przebudowana w Aeroplane Repair Depots in U.K. (Lotnicze Warsztaty Naprawcze w Zjednoczo-– Austin (canceled); N6030-N6079 – the numbers provided for S.E. 5s were given to Nieuport 17bis aircraft.

A certain number of S.E. 5as were rebuilt at the Aeroplane Repair Depots in the U.K. and Aircraft Depots in France. These machines received new serial numbers, of which the following are known: B733, B848, B875, B891, B7733, B7737, B7765, B7770, B7771, B7786, B7787, B7796, B7824, B7824, B7824, B7830, B7831, B7832 (later changed to D7017), B7833, B7850, B7870, B7881, B7890, B7899, B7901, B7913, B8791, B8932, F4176 (rebuilt in Salonicca from a damaged one), F5910, F5924, F5969, F6276, F9568 (rebuilt from a damaged one at No. 30 Training Depot Station, Northolt), H7072-H7074, H7061-H7166, H7181, H7247-H7254, H7256-H7261.

Aircraft built outside Great Britain

The U.S. joining the war brought the launch of a plan which assumed licensed high-volume production of aircraft in the U.S. – 7,375 machines, including 1,800 fighters, 600 being the S.E. 5a. With the course of time, the number rose to 1,000 aircraft to be manufactured at Curtiss Aeroplane and Motors Co.

In August 1918 the first machine, factory no. SC43153, was test-flown. It was also the last one, for the war ended and the contract was canceled.

The Curtiss-S.E. 5a was propelled by the 180 HP Wright Martin HS engine, equivalent to the last version of the British HS Viper with a double-core radiator. It was not a satisfactory engine construction and the work was not continued.

Apart from building the sole "American" S.E. 5a, the Curtiss factory assembled 56 air-

Rozbity S.E. 5a. Widać odporność konstrukcji kadłuba.

A S.E. 5a crash showing the fuselage's durability.

(J. M. Bruce via E. Kocent-Zieliński)

nym Królestwie) i Aircraft Depots in France (Lotnicze Warsztaty we Francji). Samolotom w nich przebudowanym wyznaczono nowe numery seryjne. Z nich znanymi są następujące: B733, B848, B875, B891, B7733, B7737, B7765, B7770, B7771, B7786, B7787, B7796, B7824, B7824, B7824, B7830, B7831, B7832, (później zmieniony na D7017), B7833, B7850, B7870, B7881, B7890, B7899, B7901, B7913, B8791, B8932, F4176 (przebudowany w Salonikach z uszkodzonego), F5910, F5924, F5969, F6276, F9568 (przebudowany z uszkodzonego w No 30 Training Depot Station, Northolt (Warsztaty Ośrodka Treningowego Northolt Nr.30), H7072- H7074, H7061-H7166, H7181, H7247-H7254, H7256-H7261.

Egzemplarze samolotu powstałe poza Wielką Brytanią

Wkroczenie do wojny Stanów Zjednoczonych, spowodowało uruchomienie planu, w myśl którego miała być rozwijana w USA licencyjna produkcja samolotów na dużą skalę – 7375 sztuk, z czego: myśliwskich 1800, a w tym z kolei 600 sztuk samolotów S.E. 5a. Z upływem czasu liczba ta wzrosła do 1000, które miały być wybudowane w zakładach Curtiss Aeroplane and Motors Co.

W sierpniu 1918 roku oblatano pierwszy egzemplarz z nr ewid. SC43153, będący zarazem jedynym, gdyż kontrakt anulowano, a wojna się skończyła.

Curtiss-S.E. 5a był napędzany 180 KM silnikiem Wright Martin HS, który odpowiadał ostatniej wersji brytyjskiego HS Viper z dwublokową chłodnicą. Nie był to udany silnik i prace nad nim przerwano.

Oprócz wybudowania jedynego „amerykańskiego" S.E. 5a, zakłady Curtissa złożyły z detali dostarczonych przez Wielką Brytanię 56 tych samolotów. Były to części wyprodukowane przez Austin Motor Co. Znane są numery ewidencyjne tych maszyn: SC-64348-9,68545 i 94078-94.

W latach 1922-23, dalsze 50 szt. samolotów S.E. 5a złożono z części zamiennych w zakładach Eberhardt Steel Products Co. Samoloty te nosiły oznaczenie S.E. 5E. Miały numery ewidencyjne AS22-276-AS22-325.

Zespoły napędowe wersji produkcyjnych. Licencje

Cechy charakterystyczne użytych napędów i ich rozwój

Samolot S.E. 5 postanowiono ostatecznie wyposażyć w silnik Hispano Suiza 200 KM powstały już w roku 1916. Miał ten sam skok/średnicę cylindrów 120/130mm, co HS 150 KM przy obrotach normalnych 1600-2000 i maksymalnych 1800-2100. Stosowano w nim gaźniki Zenith Duplex 48DC i iskrowniki SEV. Miał stopień

(Sammlung Cockburn-Lange)

craft using parts delivered from Great Britain and manufactured by Austin Motor Co. The factory numbers of these aircraft were: SC-64348-9, 68545 and 94078-94. In 1922-23 a further fifty S.E. 5as were assembled from spare parts at Eberhardt Steel Products Co. These aircraft were designated S.E. 5E. The factory numbers were AS22-276 through AS22-325.

Power plants of production versions. Licenses

Characteristics of power units used and their development

It was eventually decided to equip the S.E. 5 with the Hispano-Suiza 200 HP engine built already in 1916. It had the same cylinder bore/diameter of 120/130 mm as the 150 HP HS at 1,600-2,000 RPM (normal work) and 1,800-2,100 RPM (maximum). The carburetors were Zenith Duplex 48DCs and magnetos were SEV. It had a compression ratio of 4.7:1, reduction gear 24:41 (from 2,000 revs to 1,170), and a four-blade prop (the T28097 or, usually, T28096).

Zacięty pojedynek z Albatrosami D.V.

A fierce dogfight against Albatros D.V.'s.

Zespoły napędowe wersji produkcyjnych. Licencje

(Sammlung Cockburn-Lange)

Zwrotniejszy Fokker D.VII był trudnym przeciwnikiem...

The more maneuverable Fokker D.VII was a difficult opponent...

sprężania 4,7:1, przekładnię redukcyjną 24:41 (z 2000 obr. do 1170) przy czterołopatowym śmigle T28097 lub częściej T28096.

Egzemplarz tego silnika przebadano na prototypie A4563 i uznano za znacznie lepszy od HS 150 KM. Jednakże wzrost zapotrzebowania na silniki spowodował uruchomienie produkcji licencyjnej także i silnika HS8A 150 KM w zakładach English Wolseley Motors Ltd of Adderley Park Birmingham. Nazwano go Python I W4a i zamierzano zbudować 400 sztuk w wersji bezprzekładniowej, gdyż sprowadzane z Francji reduktory do HS 200 KM, które zamierzano stosować w wersji reduktorowej tego silnika, były niskiej jakości.

Podwyższono stopień sprężania do 5,3:1 stosując równocześnie kolektory ssące i wydechowe od silnika W4b Adder (reduktorowego), nad którego produkcją także pracowano. Tę wersję bezprzekładniowego silnika nazwano W4a Python II i uzyskała ona moc 180 KM (132 kW) przy 1800 obr. Była właściwie kopią silnika HS8Ab. Tak zmodyfikowano 100 silników W4a Python I uprzednio wyprodukowanych. Nie były

One such engine was tested with prototype A4563 and considered much better than the 150 HP HS. Still, an increased demand for engines resulted in licensed production of also the 150 HP HS8A by English Wolseley Motors Ltd. of Adderley Park, Birmingham. It was called W4a Python I, and 400 pcs were expected to be built as units without reduction gear, for the gear delivered from France for the 200 HP engine and intended for the version of the engine with reduction gear were low quality. The compression ratio was raised to 5.3:1, with suction and exhaust manifolds borrowed from the W4b Adder engine (with reduction gear), whose production was also being prepared. This version was named W4a Python II and was rated at 180 HP (132 kW) at 1,800 revs. Actually, it was a copy of the HS8Ab, and 100 earlier manufactured W4a Python Is were thus modified.

They were not satisfactory, with a greater fuel and oil consumption than the HS8Ab, from which they also differed in having two oil pumps.

A contract for 700 pcs of 200 HP engines was given to Wolseley almost concurrently with the beginning of the work on the engine (!). HSs rated at 200 HP were also ordered from French companies: Richard Brasier – 667 pcs; Delaunay-Belleville – 1200 pcs; DFP – 251 pcs; Fives Lille – 160 pcs; HS – 100 pcs; Emil Mayen – 2000 pcs; Peugeot – 750 pcs.

In fact, work on the 200 HP engine was begun by Wolseley in March 1917. It had a compression ratio of 4.8:1 and a 35:39 reduction gear different from its French counterparts. Only 449 units were produced. There were difficulties in resolving torsional vibration issues, which led to fractures in camshafts. The first batch comprised only fifteen engines (or nineteen). It was finished in July 1917. The first off-production unit, named W4a Viper, was fitted onto aircraft no. B4862 (instead of the Adder 150 HP unit). In October 1917, tests were carried out on changing the compression ratio from the initial 5.6:1 to 5.3:1. The results of these tests repeated on aircraft B4899 and B4891 were not satisfactory.

Similar problems were encountered with Wolseley 150 HP units, which suffered from camshaft fractures after about four hours of work. Besides, they only reached 1,750 RPM instead of 2,000 (May 1917).

The repeated failures of Wolseley raised criticism in RFC commanders. E.g.: Col. W. B. Caddel, Military Aviation Director, wrote to Gen. Trenchard about the problems that had occurred during tests with A8923 and A8924 (cut shaft necks in 150 HP engines), saying that it was beyond understanding how these engines could have been qualified despite defects (May 31, 1917). Therefore, the second version

Power plants of production versions. Licenses

one udane. Miały większe zużycie paliwa i oleju niż HS8Ab, od którego różniły się także dwoma pompami olejowymi.

Umowę na produkcję 700 silników 200 KM otrzymały zakłady Wolseleya niemal równocześnie z początkiem prac nad nimi.(!)

Silniki HS 200 KM zamówiono także w firmach francuskich a mianowicie: Richard Brasier – 667 szt.; Delaunay-Belleville – 1200 szt.; DFP – 251 szt.; Fives Lille – 160 szt.; HS – 100 szt.; Emil Mayen – 2000 szt.; Peugeot – 750 szt.

Faktyczne prace nad silnikiem 200 KM zakłady Wolseley zaczęły w marcu 1917 roku. Miał on st. sprężania 4,8:1, reduktor 35:39 inny od francuskich. Wyprodukowano go tylko 449 sztuk. Były trudności z opanowaniem drgań skrętnych, w wyniku których pękały wały korbowe. I seria liczyła 15 sztuk (lub 19). Ukończono ją w lipcu 1917 roku. Pierwszy egzemplarz silnika, który nazwano W4a Viper zabudowano na samolocie B4862 (zamiast 150 KM Addera). W październiku 1917 roku przeprowadzono próby dotyczące zmian stopnia sprężania, który początkowo wynosił 5,6:1, a później 5,3:1. Wyniki tych prób powtarzanych na samolotach B4899 i B4891 były niezadowalające.

Podobne kłopoty były z Wolseleyami 150 KM, w których występowały pęknięcia wałów po około czterech godzinach pracy. Ponadto uzyskiwały one tylko 1750 obr./min zamiast 2000 (maj 1917 roku).

Powtarzające się niepowodzenia ściągały na firmę Wolseley krytyczne uwagi dowódców RFC. Np. o uszkodzeniach, które zdarzyły się w próbach z samolotami A8923 i A8924 (ścięcie czopów wałów przy silnikach 150 KM) płk W.B. Caddel, Military Aviation Director (szef techniczny lotnictwa wojskowego) pisał do gen. Trencharda, że niezrozumiałym jest, jak te silniki zakwalifikowano, mimo defektów (31.05.1917). Dlatego też, w wersji drugiej silnika Adder 200 KM zmieniono średnicę czopów wału, a w trzeciej wyważono wał, co znacznie zwiększyło trwałość. I ta właśnie wersja stała się główną dla silnika W4b.

Osobną sprawą, była kwestia reduktorów. Reduktory francuskie miały przełożenia: podstawowe 24:41 lub 24:39. Niekiedy stosowano układy 26:39 i 21:38. Brytyjskie natomiast przeznaczone dla Wolseleya miały przełożenie 28:37 (1513-2000 obr.).

Nie wszystkie z nich były właściwej jakości. Defekty, które jak potwierdziły badania w zakładach Clement-Talbot miały silniki francuskie Richard-Brasier i French HS były właśnie efektem złej obróbki cieplnej kół zębatych reduktorów. Nie miały też dobrej opinii reduktory produkowane w zakładach Wolseleya. Na domiar złego, obudowy ich były różne, co znacznie utrudniało naprawy.

Wszystkie silniki reduktorowe napędzały początkowo śmigła dwułopatowe. Jednakże próby dokonywane z silnikami Richard-Brasier

of the Adder 200 HP engine had a changed shaft neck diameter, and the third had the shaft balanced, which significantly increased wear resistance. It was this version that became the model for the W4b engine.

Another thing was the reduction gear issue. French gear had basic ratios of 24:41 or 24:39. Sometimes 26:39 and 21:38 systems were used. The British ones provided for Wolseley had a ratio of 28:37 (1,513-2,000 revs). Not all of them were the proper quality. The defects confirmed by tests at the Clement-Talbot factory found in the French Richard-Brasier and French HS engines were the result of wrong heat-treatment of the reduction gear's gear wheels. The geared units from Wolseley did not have a good reputation, either. To make things worse, their casings were different, which did not facilitate repairs at all.

All engines with reduction gear initially powered two-blade props. However, tests with Richard-Brasier engines showed that four-blade props would reduce the turning moment much better, which was taken into consideration. So, the two-blade AD662 (dia. 7'10.5") was mostly used with Wolseley 200 HP engines and French units with a 21:28 transmission ratio, whereas

...ale szybsze S.E. 5a często brały górę.

...but the faster S.E. 5a often got the upper hand.

(Sammlung Cockburn-Lange)

Zespoły napędowe wersji produkcyjnych. Licencje

wykazały, że śmigła czterołopatowe likwidują w znacznie większym stopniu moment obrotowo-reakcyjny, co wzięto pod uwagę. I tak: dwułopatowe śmigła AD662 (średnicy 7 ft i 10,5") używane były przeważnie w silnikach Wolseley 200 KM i francuskich z przełożeniem 21:28. Czterołopatowe typu T28096 (średnica 7 ft i 9") tylko silniki francuskie z przełożeniem 24:41. W pozostałych stosowano różne śmigła dwułopatowe.

Różne były także instalacje chłodzenia. Wczesne silniki Viper miały jednoblokowe chłodnice rurkowe od reduktorowych wersji HS 200 KM produkcji francuskiej. Były one złej jakości; ciekły, co odbijało się na sprawności bojowej samolotów. Dlatego też w następnych egzemplarzach zastosowano chłodnice ulowe. W rezultacie były trzy typy chłodnic i sześć odmian (do silnika Viper): dwie z nich stanowiły modyfikacje chłodnic do HS 200 KM, trzecia była do 180 KM silnika HS8Ab z wyższym stopniem sprężania. Przeprowadzono w związku z tym zmianę, wprowadzając chłodnicę dwublokową (prototypy i egzemplarze z Viperem miały jednoblokowe) typu „uniwersalnego".

W Farnborough zabudowano na B4862 podwieszoną chłodnicę między goleniami podwozia. Spowodowało to spadek prędkości o 23,3 km/h i wzrost czasu wznoszenia o 5 min na 4575 m (30 stycznia 1918 roku). Samolot w tej wersji miał być skierowany do Mezopotamii, ale ostatecznie służył w Home Defence (obronie terytorialnej) i miał silnik Viper.

Badany był także silnik HS Peugeot 8BEe 220 KM o większym stopniu sprężania zabudowany na samolocie A4563.

Prace nad układami chłodzenia odsunęły na dalszy plan rozwój silnika Sunbeam Arab, który miał być także typowym źródłem napędu samolotów S.E. Był on podobny do HS V8 z roku 1917. Zamówiono go 1800 sztuk, ale wykonano

the four-blade T28096 (dia. 7'9") only with French 24:41 units. Other engines worked with various two-blade props.

The cooling installations differed, too. The early Vipers had single-core tubular radiators from the geared versions of 200 HP French HSs. They were poor quality – they leaked, which affected the aircraft's combat performance. Therefore, honeycomb radiators were used on later units. As a result, there were three types of radiators and six variants (for the Viper engine): two types were modified radiators for 200 HP HSs, while the third was for the 180 HP HS8Ab with a higher compression. With this regard, a change was implemented, and a double-core model was introduced of a "universal" type (the prototypes and Viper-fitted machines had them single-core).

At Farnborough, a radiator was underslung on B4862 between the legs of the landing gear. This resulted in a speed decreased by 23.3 km/h and an increased time of climb to 4,575 m by 5 min (January 30, 1918). This version of the aircraft was to be sent to Mesopotamia, but eventually it served in Home Defence fitted with the Viper engine.

The HS Peugeot 8BEe engine (220 KM) with a higher compression ratio was also tested, fitted onto A4563.

Work on cooling installations pushed aside the development of the Sunbeam Arab engine, which was supposed to also become the standard power unit for the S.E. aircraft. It was similar to the HS V8 of 1917. Of the 1,800 units ordered, only 81 were produced. The 200 HP Arab I version with reduction gear was fitted for tests onto B4900 (March 10, 1917) with a four-blade T28096 airscrew and double-core radiator. The next, "direct" Arab II version was fitted to B4898 with an underslung radiator. Both ver-

Wczesny S.E. 5a z silnikiem Hispano-Suiza 200 KM z reduktorem, wyposażony w czterołopatowe śmigło. W takiej konfiguracji pojawiały się zwykle pod koniec 1917 i na początku 1919 r.

An early S.E. 5a with Hispano-Suiza 200 HP and four-blade propeller. This configuration was most common at the end of 1917 and the beginning of 1919.

(J. M. Bruce via E. Kocent-Zieliński)

Power plants of production versions. Licenses

(J. M. Bruce via E. Kocent-Zieliński)

„Rumak" por .Harolda Walkerdine (7 zwycięstw) z 56 Squadronu Samolot ma starsze podwozie, dość rzadkie w samolotach z mocniejszymi silnikami.

Lt. Harold Walkerdine (7 victories) from 56 Sqn. in his "Steed." His plane has the old style undercarriage which was unusual for planes with stronger engines.

81. Wersję Arab I 200 KM reduktorową, zabudowano dla badań (10 marca 1917 roku) na B4900 ze śmigłem T28096 czterołopatowym i dwublokową chłodnicą. Następną, Arab II „bezpośrednią" wbudowano w B4898 z podwieszoną chłodnicą. Oba typy silników Arab wykazywały drgania i były nieudane, przy czym nie miało sensu wprowadzanie jeszcze jednego typu silnika. Próby i prace nad nimi przerwano w Farnborough w marcu 1919 roku.

Silników Hispano Suiza różnych typów wyprodukowano w czasie wojny 28.277 sztuk (wg źródeł

sions of the Arab had vibrations and were not satisfactory. As there was no point in introducing one more type of engine, anyway, the work and tests on them were suspended at Farnborough in March 1919.

There were 28,277 Hispano Suiza engines of various types manufactured during the war (according to English sources). They were built in France, Spain, Italy, Russia (SU), Japan and the USA.

The HS 8Bd was intended mainly for the S.E. 5a. It had the 1500 version reduction gear.

Oznaczenia stosowanych silników i śmigieł • Designations of engines and propellers used

Silnik / Engine	Śmigło / Airscrew	Średnica / Diameter
150 KM Hispano Suiza 8Aa	T.28066	2390 mm
150 KM Wolseley W4a Python I	T.28086	2390 mm
180 KM Hispano Suiza 8Ab	AB765	2414 mm
180 KM Wolseley W4a Python II	AB767 lub AB7673	2414 mm
200 KM Hispano Suiza 8Ba i / and 8Bb 1170 (oznaczane też jako HS 8BCa i 8BCb / / also designated HS 8BCa and 8BCb)	T.28096	2360 mm
200 KM Hispano Suiza 8Ba i / and 8Bb 1333 (oznaczane też jako HS 8BDa i 8Bdb / / also designated HS 8BDa and 8Bdb)	T.28098	2515 mm
200 KM Hispano Suiza 8Ba i / and 8Bb 1500 (oznaczane też jako HS 8BEa i 8Beb / / also designated HS 8BEa and 8BEb)	T.28137,	–
200 KM Hispano Suiza 8Bd	T.28137	–
200 KM Wolseley W4b Adder I,II,III	T.28096	2360 mm
200 KM Wolseley W4a Viper	AB.7673 AB 662c AB.767	2414 mm 2400 mm 2414 mm
200 KM Sunbeam Arab I	AB.8450 Expl. T.28170M	2360 mm 2360 mm
200 KM Sunbeam Arab II	T.28204	–
220 KM Hispano Suiza 8Bc i 8Be	–	–

S.E. 5a

Zespoły napędowe wersji produkcyjnych. Licencje

Samolot pilotowany przez Charlesa Pickthorna, dowódcę 84 Squadronu. Czasami na samolocie tym latał też Andrew Beuchamp-Proctor (54 zwycięstwa). W takich barwach lata obecnie samolot z Schuttleworth Collection.

Charles Pickthorn's (CO 84 Sqn.) plane. It was also flown at times by Andrew Beauchamp (54 victories). One of the planes in the Shuttleworth Collection is painted to match it.

(J. M. Bruce via E. Kocent-Zieliński)

angielskich). Były budowane we Francji, Hiszpanii, Włoszech, Rosji (ZSRR), Japonii i USA.

Silnik HS 8Bd był głównie przeznaczony dla samolotu S.E. 5a. Miał reduktor wersji 1500.

Małe litery przy oznaczeniu silnika mówiły o jego stopniu sprężania. i innych cechach konstrukcji a mianowicie:

a – stopień sprężania 4,7. Reduktor w jednoczęściowej obudowie.

b – stopień sprężania 4,7. Reduktor w dwuczęściowej obudowie. Krótkie (42 mm) czopy wału korbowego.

c – stopień sprężania 5,3. Reduktor w dwuczęściowej obudowie. Krótkie (42 mm) czopy wału korbowego.

The lowercase letters with a designation indicate an engine's compression ratio and other features, that is:

a – compression ratio 4.7. Reduction gear in single-piece housing.

b – compression ratio 4.7. Reduction gear in two-piece housing. Short (42 mm) camshaft neck.

c – compression ratio 5.3. Reduction gear in two-piece housing. Short (42 mm) camshaft neck.

d – compression ratio 4.7. Reduction gear in two-piece housing. Long (50 mm) camshaft neck.

e – compression ratio 5.3. Reduction gear in two-piece housing. Long (50 mm) camshaft neck.

Due to the multi-track licensing and designing policy, the end of 1916 saw shortages of

Asy z 84 Squadronu RAF w lipcu 1918 r. Z lewej George Vaughn (7 zwycięstw), z prawej Hugh Saunders (15 zwycięstw), nad kabiną Cecil Thompson (6 zwycięstw).

84 Sqn aces in July, 1918. George Vaughn (left – 7 kills), Hugh Saunders (right – 15 kills) and Cecil Thompson (behind cockpit – 6 kills).

(J. M. Bruce via E. Kocent-Zieliński)

Equipment

Samolot z napisem fundacyjnym „Liverpool No. 2 Newfoundland", trafił do 84 Squadronu.

A Representative Presentation Aircraft with the benefactor's inscription "Liverpool No. 2 Newfoundland" was donated to 84 Squadron.

(J. M. Bruce via E. Kocent-Zieliński)

d – stopień sprężania 4,7. Reduktor w dwuczęściowej obudowie. Długie (50 mm) czopy wału korbowego.

e – st. sprężania 5,3. Reduktor w dwuczęściowej obudowie. Długie (50 mm) czopy wału korbowego.

W efekcie wielotorowości licencji i projektów końca 1916 roku nastąpiły braki silników niezbędnych dla produkcji płatowców. Opiewały one na 8000 sztuk silników, w tym: 3374 reduktorowych (u Emila Mayena – 1883 sztuk) i 5428 sztuk 200 KM. Ponadto przekazano 21 silników Peugeot przeznaczonych dla Spadów XIIIC1 i 30 silników Richard Brasier (produkcję ich w tym zakładzie wkrótce zamknięto, ze względu na powtarzające się defekty).

Należy wspomnieć jeszcze o kopiach silników HS jakie próbowały zbudować firmy amerykańskie i niemieckie. W przypadku USA był to wspomniany wyżej silnik Wright Martin 180 KM, a w przypadku Niemiec podobny silnik zbudowała firma Adder. Silniki te były nieudane i nie doczekały się rozwoju.

engines, necessary for aircraft production. The number of missing engines was 8,000, including 3,374 types with reduction gear (1,883 at Emil Mayen) and 5,428 of 200 HP types.

On top of that, 21 Peugeot engines for Spad XIIIc1s were delivered as well as thirty Richard Brasiers (their manufacture at this factory was quickly given up due to repeated defects).

We should also mention the copies of HS engines that American and German firms attempted to make. In the case of the USA it was the already mentioned 180 HP Wright Martin, while in Germany a similar construction was offered by Adder. These engines were not satisfactory and were not further developed.

Equipment

The equipment of the aircraft was rather spartan in today's terms, but it conformed to the standards of the period. The pilot's cockpit was only equipped with basic instruments: speedometer, altimeter, compass, roll inclinom-

S.E. 5a z 24 Squadronu RAF z napisem fundacyjnym „Parish on Inch No. 2". Na zamocowaniu Fostera brak kaemu Lewis, zdemontowano też celownik.

An S.E. 5a (Rep. Pres. Aircraft) from 24 Sqn. RAF with the benefactor's inscription "Parish of Inch No. 2" painted on the fuselage. The Lewis machine gun has been removed from the Foster mount along with the sight.

(J. M. Bruce via E. Kocent-Zieliński)

Wyposażenie

Wyposażenie samolotu było jak na dzisiejsze warunki dość spartańskie, ale nie odbiegało od stosowanych wówczas norm.

Kabina pilota wyposażona była jedynie w podstawowe przyrządy pokładowe: szybkościomierz, wysokościomierz, kompas, chyłomierz poprzeczny, zegar czasowy, termometr wody chłodzącej, manometry oleju i powietrza (nadciśnienia w zbiornikach paliwa).

S.E. 5, 5a służące w Home Defence posiadały podświetlane celowniki typu Hutton lub Neame i światła pozycyjne zasilane baterią.

Niektóre samoloty II serii przystosowano do zabudowania radiostacji. W żadnym z nich jednakże tego nie dokonano.

Uzbrojenie i jego odmiany

Według projektu RFC, samolot miał być uzbrojony w jeden km Lewis 0.303 (7,7 mm) z 500 sztukami amunicji strzelający przez drążony wał reduktora. Rozwiązanie to było niebezpieczne dla pilota i komplikowało zmianę bębnów z nabojami, ale było jedynym sensownym, gdyż skuteczność ówczesnych synchronizatorów mechanicznych (np. Vickers Challenger) była niezadawalająca.

Prototyp A4561 oblatano bez uzbrojenia. Dla II prototypu opracowano inną jego wersję, którą następnie zastosowano w pozostałych dwu. Zasadniczą zmianą w nim, było zastosowanie niedawno wynalezionego przez inżyniera

eter, chronometer, coolant thermometer, oil and air pressure (overpressure in fuel tanks) gauges.

The S.E. 5/5as which served in Home Defence had illuminated Hutton– or Neame-type gunsights and battery-powered navigational lights.

Some of the second batch aircraft had a specially adapted construction to accommodate a radio device. However, none was fitted onto any of these airplanes.

Armament and its variants

The RFC's project assumed that the aircraft would be armed with one Lewis 0.303" (7.7 mm) machine gun and 500 rounds, the gun being fired through a drilled-through shaft of the reduction gear. This solution was dangerous to the pilot and made changes of ammunition drums complicated, but it was the only sensible one, as the reliability of the mechanical interrupters of that time (e.g. Vickers Challenger) was unsatisfactory.

Prototype A4561 was test-flown without armament. A different option was prepared for the second prototype and used on the remaining two. The basic change was the use of a hydraulic synchronizing gear devised recently by an engineer of Romanian descent, Goguo Constantinesco. This device was reliable for the lack of easily damaged pushers as used in mechanical constructions.

Technical concerns regarding the reduction gear (the question of the strength of hollowed

Uroczysty chrzest S.E. 5a, ufundowanego przez 3 Pułk Huzarów Rezerwy. Samolot trafił prawdopodobnie do 32 Squadronu RAF.

Christening a S.E. 5a (Rep. Pres. Aircraft) funded by 3rd Reserve Hussars Regiment. The plane most likely was assigned to 32 Squadron RAF.

(J. M. Bruce via E. Kocent-Zieliński)

pochodzenia rumuńskiego Goguo Constantinesco hydraulicznego synchronizatora km. Urządzenie to ze względu na brak łatwych do uszkodzenia popychaczy jakie stosowano w układach mechanicznych było niezawodnym.

Ze względów technologicznych występujących w budowie reduktorów (kwestii wytrzymałości drążonych wałów śmigła) zrezygnowano z rozwiązania pierwotnego tj. umieszczenia km strzelającego przez reduktor.

Nowy projekt uzbrojenia płatowca składał się zatem z km Vickers 0.303 synchronizowanego o szybkostrzelności 600 strz./min, z zapasem naboi 400 sztuk. Celownik optyczny był typu Aldis, system ładowania początkowo Cox, a później Hyland E z automatem usuwającym zacięcia Fitzgerald.

Nad górnym płatem natomiast, umieszczono drugi karabin, Lewis 0,303 (także 7,7 mm) ze spustem na drążku sterowym uruchamianym linką Bowdena. Karabin ten, zamontowany był na podstawie wynalezionej przez sierż. R.G. Fostera z 11 Sqn, wypróbowanej na samolocie Newport Scout kpt. A. Balla. Wynalazek polegał na ruchomym osadzeniu km na szynie umożliwiającej przestawienie go do pozycji pionowej, co z kolei pozwalało na zmianę bębna z nabojami. Bębnów tych było początkowo dwa, a później cztery po 97 sztuk amunicji w każdym. Celownik był typu Norman. Urządzenie to było z założenia dość prostym, ale czasami się zacinało w pozycji pionowej przy wymianie bębnów co stwarzało zagrożenie, zwłaszcza w sytuacjach walki.

Oba karabiny montowano z pięciostopniowym pochyleniem w górę, aczkolwiek w egzemplarzach samolotów doświadczalnych były próby jego powiększenia do 7° 60', mające na celu uzyskanie lepszego skupienia strzałów na typowej odległości 200 yd. (321,8 m) Okazało się jednak, że zmiana kąta powoduje wzrost obciążeń dynamicznych konstrukcji objawiających się w odkształceniach trwałych, wobec czego wrócono do kąta 5° (od samolotu B4851).

Przy karabinach wprowadzano drobne zmiany. Np. w A4845 zastosowano inny celownik Aldisa, w A4850 zrobiono drzwiczki do zmiany taśm amunicyjnych. Po zmianie wiatrochronu na typ Avro, przerobiono również podstawę Fostera, przedłużając ją dla wygody. Także obniżenie fotela pilota spowodowało zmianę tejże podstawy i samego karabinu. Zastosowano dłuższy uchwyt typu pistoletowego, aby pilot mógł go dosięgnąć. Zmiany te miały również związek ze stosowaniem silników reduktorowych, w których oś śmigła była umieszczona wyżej niż w silnikach bez reduktora.

Były też i inne odmiany uzbrojenia instalowane najczęściej ad hoc i później ewentualnie badane. Np. B4885 z 56 Sqn miał zabudowane nad płatem dwa Lewisy na innej podstawie Fo-

(J. M. Bruce via E. Kocent-Zieliński)

propeller shafts) caused departure from the original intention of having the machine gun fire through the reduction gear. The new project assumed a synchronized Vickers 0.303" machine gun rated at 600 rounds per minute, with a supply of 400 rounds. The telescopic gunsight was of the Aldis type, while the loading system was initially Cox, and later on Hyland E, with a Fitzgerald anti-jamming device.

A second gun, Lewis 0.303" (7.7 mm), was placed above the upper wing, the trigger on the control stick acting through a Bowden cable. This gun was fixed on a mounting invented by Sgt. R. G. Foster of 11 Sqn and tested on Cap. A. Ball's Nieuport Scout aircraft. In this solution, the machine gun could slide along a rail that allowed it to be directed upwards, which in turn facilitated the change of ammunition drums. In the beginning, there were two such drums, and later on four, with 97 rounds in each one. The gunsight was the Norman type.

The mount was basically quite simple, but it sometimes jammed in the vertical position during a change of drums, which posed a threat, especially in combat conditions.

Both guns were mounted with a 5-degree upward deflection, although trials were made on test-aircraft with the angle increased to 7°60' in order to achieve a better concentration of fire at a typical distance of 200 yards (321.8

Piloci 64 Squadronu przed wczesnym S.E. 5a z czterołopatowym śmigłem. Od lewej: kpt. H.T. Fox-Russel i kpt. R. St Clair McClintock (5 zwycięstw) i por. Ch. Bissonette (6 zwycięstw).

64 Sqn. pilots with an early S.E. 5a with four-blade propeller. From left: Capt. H. T. Fox-Russel (5 kills), Capt. R. St. Clair McClintock (5 kills) and Lt. Ch. Bissonette (6 kills).

Opis ogólny płatowca

stera (lipiec 1917). W 41 Sqn, używane były S.E. 5 z dwoma karabinami Vickers. Miały dalej sięgający wiatrochron dla lepszego dostępu do zamków i obniżony wznios płatów, który poprawiał zwrotność pogorszoną przez większą masę samolotu.

Natomiast w październiku 1917 roku B4875 otrzymał uzbrojenie typu Eeman. Składało się ono z trzech km Lewis, umieszczonych w kadłubie pod kątem 45° i strzelających przez otwory w górnym płacie. Uzbrojenie to było już stosowane w samolotach Martinsyde G 102 i Vickers FB 2b, służących w Home Defence (obrona wysp) i skierowanych przeciw sterowcom. Zbudowano kilka samolotów w tej wersji uzbrojenia.

Pewna ilość samolotów miała umieszczone pod kadłubem wyrzutniki mechaniczne dla czterech bomb Cooper 25 funtowych (tj. 4x11,3 kg).

Opis ogólny płatowca

Samolot S.E. 5 nie odznaczał się szczególnie czystą linią aerodynamiczną. Konstrukcja jego była kompromisem skłaniającym się w stronę prostoty i technologizacji produkcji seryjnej. Nie bez znaczenia były także koszty wytwarzania.

Podstawowym egzemplarzem produkcyjnym stał się budowany według drugiego prototypu, w którym zmniejszono wznios płatów (z 5 do 3,5°).

S.E. 5a produkcyjny, był maszyną całkowicie drewnianą, z wyjątkiem stalowej konstrukcji nośnej środkowej części płatów. Z profilowanych stalowych rur zrobione zostały także wsporniki baldachimu i podwozia.

Kadłub, kratownicowo-rozpórkowy z wykrzyżowaniem linkami stalowymi, dla zwiększenia sztywności. Płaty: górny trójdzielny, dolny

m). It turned out, though, that the change of the angle caused increase in dynamic forces acting on the construction, which resulted in plastic strain – therefore, the angle of 5 degrees was restored (beginning with aircraft B4851).

Slight changes were made regarding the guns. E.g. a different Aldis gunsight was used on A4845, a door for change of ammunition belts was made on A4850. After the change of the windshield to the Avro type, the Foster mounting was lengthened for convenience. The lowering of the pilot's seat also effected change to the mounting and machine gun itself. A longer, pistol-type handle, was used for the pilot to be able to reach it. These changes were also connected with the use of geared engines, which had the prop shaft higher than the engines with no such gear.

Other armament variants existed, too, usually applied ad hoc and then possibly tested. E.g. B4885 of 56 Sqn. had two Lewis guns above the wing on a different Foster mounting (July 1917). S.E. 5s with two Vickers guns were used in 41 Sqn. They had a farther extended windshield for better access to the locks, whereas a decreased angle of wing incidence improved agility, reduced by the increased weight of the aircraft.

In October 1917, B4875 received Eeman armament. It consisted of three Lewis guns mounted in the fuselage at 45 degrees and fired through holes in the upper wing. This armament was already in use on the Martinsyde G 102s and Vickers FB 2bs serving in Home Defence and operating against air ships. Several aircraft with this armament variant were built.

A certain number of aircraft had mechanically operated bomb racks under the fuselage for four 25-lb. (i.e. 4 x 11.3 kg) Cooper bombs.

Samolot Fredericka „Jacka" Hunta z 74 Squadronu, sierpień 1918. Pilot zestrzelił na S.E. 5a łącznie 7 Fokkerów D.VII (w tym 4 na tym egzemplarzu) i 2 balony. Samolot nosi napis fundacyjny „Norwich".

Frederick "Jack" Hunt's plane from 74 Sqn., August, 1918. He shot down seven Fokker D.VII's (four of them in this plane) and two balloons in S.E. 5a's. The plane (Rep. Pres. Aircraft) carried the benefactor's inscription "Norwich."

(J. M. Bruce via E. Kocent-Zieliński)

Armament and its variants

(RAAF Museum via Andre R. Zbiegniewski)

S.E. 5a z 85 Squadronu RAF. Pierwszy samolot to maszyna samego Williama Bishopa (zgłosił 72 zestrzelenia).

S.E. 5a's from 85 Sqn. RAF. The first plane in line was flown by William Bishop, who claimed 72 victories.

Opis ogólny płatowca

Imponujący wynik 39 niemieckich maszyn, osiągnięty przez 85 Squadron w 14 dni prezentuje pilot stojący na tle samolotu por. Stuarta Elliota.

A pilot from 85 Sqn. standing in front of Lt. Stuart Elliot's plane displays their impressive result of thirty-nine enemy planes shot down within a 14-day period.

(J. M. Bruce via E. Kocent-Zieliński)

dwudzielny z dwuteowymi dźwigarami głównymi i żebrami były usztywnione drutami stalowymi. Podobnie wzmocniono wsporniki skrzydeł. Podstawowym drewnem użytym w konstrukcji, był świerk.

Część kadłuba, do obszaru nieco poza kabiną pilota z boków i od spodu kryta sklejką 4-mm oklejoną płótnem. Obudowa karabinu Vickers i silnika z duralowych blach, łatwo zdejmowanych, dających doskonały dostęp obsłudze. Pokrycie płócienne tylnej części kadłuba zesznurowane i zdejmowane. Lotki na obu płatach. Usterzenie podobnej konstrukcji, jak płaty usztywnione drutami stalowymi. Napędy sterów linkowe. Statecznik poziomy przestawialny w locie. Ster kierunku z płozą, amortyzowaną i kierowaną. Podwozie trójgoleniowe, ze sztywną osią oprofilowaną, amortyzowaną sznurami

General description of the aircraft

The S.E. 5 did not possess a particularly streamlined body. The construction was a compromise inclined toward simplicity and production run technology. Manufacturing costs were not negligible, either.

The basic production version was modeled on the second prototype, with wing incidence decreased from 5 to 3.5 degrees.

The production S.E. 5a was all wooden except for the steel frame of part of the wing. Also wing and landing gear struts were made of steel tubing.

The fuselage was a box girder wire-braced for greater rigidity. The wings – three-section upper and two-section lower with double-tee spars and ribs – were braced with steel wires. The wing

Samolot por. Johna C. Rorisona z 85 Squadronu z napisem fundacyjnym „Newport Fife No. 4". Lipiec–sierpień 1918 r.

Lt. John C. Rorison's (85 Sqn.) plane in July-August, 1918. With benefactor's inscription "Newport Fife No. 4."

(J. M. Bruce via E. Kocent-Zieliński)

gumowymi w osłonie aluminiowej. Golenie drewniane, w niektórych egzemplarzach metalowe z rur stalowych (patrz tekst).

Wyposażenie kabiny, jak było już wyżej wspomniane składało się z: termometru wody chłodzącej, manometru ciśnienia powietrza w zbiorniku głównym paliwa, manometru ciśnienia oleju, obrotomierza oraz przyrządów pilotażowych: busoli, szybkościomierza z rurką Pitota na prawym wsporniku płatów, chyłomierza poprzecznego i wysokościomierza. Na tablicy przyrządów ponadto był główny kran paliwa i wyłączniki iskrowników, a na lewej burcie pokrętło przestawiania statecznika.

Zasadnicze wymiary i dane różnych samolotów S.E. podaje tabela.

Próby rozwoju konstrukcji. Eksperymenty

Niektóre rozwiązania konstrukcyjne zmieniano, w miarę możliwości w dywizjonach, „poprawiając" samolot. Przerabiano podgłówki, wejścia do kabin, siedzenia. W 24 Sqn zmniejszono rozpiętość i wznios płatów. W 56 Sqn przedłużono rury wydechowe (od Spada), wzmocniono podwozie, dodano cięgna usztywniające stateczniki. B4891, pilotowany przez Mc Cuddena otrzymał kołpak śmigła od LVG-CV „poprawiający" aerodynamikę. Zmiany te, przeważnie uwzględniano w późniejszych wersjach seryjnych.

W samolotach z uzbrojeniem typu Eeman (patrz: „uzbrojenie") jak np. B4875, służący w Martlesham Heath do badań (kwiecień 1918 roku) zmieniono podwozie na stalowe, oraz przekonstruowano instalacje wodną i paliwową.

B4875 miał dalej sięgający wiatrochron i zbiorniki opadowe paliwa i wody przeniesione

struts were similarly reinforced. The basic type of wood used for the construction was spruce.

Part of the fuselage, from the area slightly aft of the cockpit, was paneled on the sides and bottom with 4 mm fabric-covered plywood. The Vickers gun housing and engine cowling were of easily removable duralumin sheets for easy access of servicing personnel. The rear fuselage was covered with removable fabric and laced up. Ailerons on both wings. The tail unit had a similar construction braced with steel wires. Control surfaces operated by cords. The tailplane could be adjusted in flight. The rudder with a steerable skid with a shock absorber. The landing gear had three legs and a rigid axle, with rubber cords in an aluminum sheath for shock absorption. The legs were wooden, or of steel tubing on some aircraft (see text).

The cockpit, as has already been mentioned, was equipped with: cooling water thermometer, main fuel tank air pressure gauge, oil pressure gauge, tachometer, compass, speedometer with a Pitot tube on the right wing strut, inclinometer and altimeter. Also present on the instruments panel was the fuel tank selector and magneto switches, and a tailplane adjustment handwheel on the left side.

The basic dimensions and data on various S.E.s are in the table.

Attempts to develop the construction. Tests

Some technical solutions were changed if possible in military units, "improving" the aircraft. Head-rests, cockpit entrances, and seats were modified. In 24 Sqn the wing span and incidence were changed. In 56 Sqn the ex-

S.E. 5a z 85 Squadronu „upozowany" przed polowymi hangarami. W kabinie por. Stuart C. Elliot. Samolot ufundowali obywatele miasta Crieff (napis pod godłem Squadronu: „Crieff No 2").

S.E. 5a from 85 Sqn. "posing" in front of field hangars. Seated in the cockpit is Lt. Stuart C. Elliot. The plane was donated by the townspeople of Crieff (benefactor's inscription under the squadron emblem reads "Crieff No. 2").

(J. M. Bruce via E. Kocent-Zieliński)

Próby rozwoju konstrukcji. Eksperymenty

(J. M. Bruce via E. Kocent-Zieliński)

S.E. 5a w powojennych barwach 111 Squadronu RAF. Egzemplarz muzealny z Shuttleworth Collection.

S.E. 5a in the post-war colors of 111 Sqn. RAF from the Shuttleworth Collection.

w krawędź natarcia lewego płata. Ze względu na zabudowę karabinów przed pilotem, kabina została inaczej wyposażona. Źródłem napędu był początkowo Wolseley Adder, a później HS Delaunay Belleville 200 KM z dwułopatowym śmigłem Zbudowano kilka samolotów w tej wersji.

Były przeprowadzane próby z podwoziem o amortyzacji olejowej i dzielonej osi.

W jednym z samolotów zainstalowano dwa km Vickers 0.303 (7,7 mm) zmniejszając zarazem wznios skrzydeł, prawdopodobnie w celu poprawienia zwrotności. Latał on w 41 i 24 Sqn i nie okazał się w niczym lepszym.

Przeprowadzano badania instalacji spadochronowych Mears i Guardian Angel Typ A (rok 1918, samoloty E5696, F5278). W RAE badano także śmigła o zmiennym skoku typu Hart (rok 1918 samoloty C1134, C1148). Prace kontynuowano do roku 1920 (C1091).

Na przełomie lat 1918-1919 w Farnborough opracowano metodę skróconego startu z pochylni, tzw. Noakes Landing Skid (D7007, D7012), jej odmiany Palethorpe Landing Skid, a także skróconego lądowania z hamowaniem linami (B4864). Badano również elementy silników: pompy paliwa Rotoplunge, (D7012), układy wydechowe, tłumiki i kolektory (rok 1922 – D203). D203, służył także wcześniej (1918 rok) do prób uste-

haust pipes were extended (from the Spad), landing gear reinforced, braces added to fin and tailplane. B4891, flown by Mc Cudden, received a spinner from the LVG-CV, to "improve" its aerodynamics. These changes were usually implemented on the aircraft of later batches.

The aircraft with Eeman armament (see the Armament section), like B4875, used for tests in Martlesham Heath (April 1918), had the landing gear changed to a steel unit, and the water and fuel installations were modified.

B4875 had a farther extended windshield, and the water and fuel gravity tanks were moved into the wing's leading edge. Due to the guns located in front of the pilot, the cockpit was arranged differently. In the beginning, the propulsion unit was the Wolseley Adder, and later the HS Delaunay Belleville (200 HP) with a two-blade prop. A few aircraft of this version were built.

Tests were made of landing gear with oil shock absorbers and divided axle.

One of the aircraft had two Vickers 0.303" (7.7 mm) machine guns mounted, with wing incidence decreased at the same time probably for improved agility. It was flown by 41 and 24 Sqns and did not prove better in any respect.

The Mears and Guardian Angel Type A parachutes were tested (year 1918, aircraft E5696 and F5278). The RAE also experimented with Hart vari-

S.E. 5a (5303) z 56 Sq, Els
S.E. 5a (5303) of 56th Sq,

Elstree Blanche, Francja. Czerwiec 1917 r.
Elstree Blanche, France. June 1917.

Attempts to develop the construction. Tests

S.E. 5a z jednostki treningowej.

S.E. 5a from a training squadron.

rzeń o różnych kształtach i kompensacji (np. podwójnych). E5923 wyposażono w stateczniki samolotu Pfalz DIII (1920 – Martlesham Heath) i trójkątny ster wysokości. Próby te wykazały jednak, że najlepsze jest usterzenie typowe.

Instalowano również ogrzewania kabiny spalinami, a na E5927 zabudowano gaśnice.

Dla Central Flying School, (luty-marzec roku 1918) opracowano wersję dwumiejscową. Z uwagi na umieszczenie ucznia przed normalną kabiną pilota, gdzie był zbiornik paliwa, musiano ograniczyć jego pojemność do 12,5 gal zamiast normalnych 27 gal. Zmieniono w samolocie podwozie i usunięto uzbrojenie. Mimo, że konstrukcja nie była udaną, powstało kilka sztuk tych samolotów.

W niektórych płatowcach zastosowano termostatyczną regulację żaluzji chłodnicy (normal-able-pitch propellers (year 1918, aircraft C1134 and C1148). This work was continued till 1920 (C1091).

At the turn of 1919, a short take-off technique using a ramp was invented at Farnborough, with the so-called Noakes Landing Skid (D7007, D7012), its variation being the Palethorpe Landing Skid, as well as short landing with arresting wires (B4864). Engine parts were tested as well: Rotoplunge fuel pumps (D7012), exhaust systems, silencers and manifolds (year 1922, D203). Formerly (1918), D203 had also been used for testing various tail unit shapes and compensation (e.g. double). E5923 was equipped with the stabilizers of the Pfalz DIII aircraft (year 1920, Martlesham Heath) and a triangular elevator. However, these tests proved the standard tail units to be best.

Heating installations using exhaust fumes were tried, and E5927 had fire extinguishers fitted.

Ten sam samolot z drugiej burty.

The starboard side of the same plane.

Próby rozwoju konstrukcji. Eksperymenty

nie sterowano ręczną). Próbowano stosować stery wysokości o mniejszej cięciwie. Mimo ich skuteczności, nie wprowadzono ich do produkcji.

Należy także wspomnieć o samolocie S.E. 5b i jego odmianie nazywanej niekiedy S.E. 5c. Powstał on z seryjnego A8947 (produkcja RAF – czerwiec 1917), z którego zachował usterzenie. Miał 200 KM silnik HS Aries i nietypowe śmigło T28118. W lipcu 1917 roku był badany w Farnborough z wyżej sprężonym silnikiem (5,3:1) 220 KM. Próbowano także na nim ster kierunku o zmniejszonej cięciwie. Posiadał pełne uzbrojenie

Samolot, jako S.E. 5b został gruntownie przebudowany na półtorapłat z rozpiętością górnych płatów 36 ft 7" (11,15 m), a dolnych 26 ft 6" (8 m) z nietypową cięciwą 6 ft (1,82 m) i 4 ft 3" (1,18 m). Zmieniono odstęp między płatami. Lotki były na obu skrzydłach, w których zastosowano profil RAF 22 zamiast standardowego RAF 15. Kadłubowi nadano kształt bardziej „aerodynamiczny". Zastosowano specjalne śmigło Etoile No34/765.

S.E. 5b okazał się gorszy od S.E. 5a. Pogorszyła się zwrotność, wznoszenie a także zdecydowanie warunki lądowania i startu. Wobec takich efektów, wymieniono płaty na zwykłe, zmieniając równocześnie na mniejszą powierzchnię steru kierunku. Ta właśnie modyfikacja samolotu nazywana jest S.E. 5c.

S.E. 5b miał podwieszoną chłodnicę. Później wrócono do czołowej.

Istniał także pomysł przebudowy samolotu S.E. 5a autorstwa zakładów Vickers. Powiększono w nim rozpiętość płatów, które wyposażono w lotki o zbieżnej cięciwie. Górny płat był bez wzniosu, a dolny z wzniosem. Usterzenie-typowe o nieco większej rozpiętości. Także typowym miało być podwozie i tylna część kadłuba. Samolot miał napędzać silnik HS 300 KM, lewoobrotowy, bez reduktora. Nie dostał on żadnego oznaczenia fabrycznego i pozostał tylko w projekcie.

A two-seat version was designed for the Central Flying School (February-March, 1918). Since the student was seated forward of the regular pilot's cockpit, right where the fuel tank was located, its capacity had to be reduced to 12.5 gallons instead of the standard 27 gallons. The landing gear was modified on this machine and armament removed. Although the construction was not satisfactory, a few aircraft of the type were built.

Some aircraft had thermostat-adjusted radiator shutters (normally they were hand-adjusted). Smaller-chord elevators were tested in use – despite their effectiveness, they were not introduced into production.

We should also mention the S.E. 5b aircraft and its variant sometimes called S.E. 5c.

It was developed from the off-production A8947 (RAF manufacture – June 1917), whose tail assembly it retained. It had the 200 HP HS Aries engine and an unusual T28118 prop. In July 1917 it was tested at Farnborough with a higher-compression engine (5.3-to-1) rated at 220 HP. Also a smaller-chord rudder was used on this machine. The armament was full.

Designated S.E. 5b, the aircraft was thoroughly modified to become a sesquiplane with an upper wing span of 36'7" (11.15 m) and lower wing span of 26'6" (8 m), and unusual chords of 6' (1.82 m) and 4'3" (1.18 m). The distance between the wings was increased. Ailerons were on both wings, with the RAF 22 profile used instead of the RAF 15. The fuselage was more streamlined. A special propeller, Etoile No. 34/765, was used.

The S.E. 5b proved to be worse than the S.E. 5a. Its agility and rate of climb were not as good, and the take-off and landing conditions were definitely worse. Seeing that, the standard wings were restored and the area of the rudder reduced at the same time. This modified version of the aircraft is called the S.E. 5c. The S.E. 5b had an underslung radiator; later, the frontal unit was restored.

S.E. 5a z wczesnymi kokardami amerykańskimi. 25 Aero Squadron USAS.

S.E. 5a with early style American roundels from 25th Aero Squadron USAS.

(J. M. Bruce via E. Kocent-Zieliński)

S.E. 5a fighter plane – combat usage

Amerykański S.E. 5a z USAS. Pierwsza połowa lat dwudziestych.

USAS S.E. 5a, early 1920s.

(J. M. Bruce via E. Kocent-Zieliński)

Zastosowanie bojowe

UŻYTKOWNICY Z IMPERIUM BRYTYJSKIEGO

Brytyjczycy w pierwszych dwóch latach I wojny światowej mieli dość skomplikowane podejście do lotnictwa myśliwskiego. Formacje RFC właściwie miały w tym okresie tylko jeden dobry myśliwiec brytyjskiej konstrukcji – DH 2. Maszyna ta jednak błyskawicznie zestarzała się technicznie. Przejściowo ratunkiem okazał się zakup Nieuportów i SPADów (importowanych lub licencyjnych). Druga formacja brytyjska, lotnictwo marynarki (RNAS) miała nieco więcej szczęścia, zamawiając bardzo udane myśliwce Sopwitha (Pup, Triplane), ale nie było ich zbyt wiele. W tej sytuacji pilne było wprowadzenie nowej, perspektywicznej maszyny. Projektowany od razu dla potrzeb RFC samolot S.E. 5 był więc niecierpliwie oczekiwany w jednostkach. Jego produkcja była jednak bardzo ograniczona,

There also existed the Vickers company's conception of modifying the S.E. 5a. The wing span here was greater and tapered ailerons were used. The upper wing had no incidence, while the lower one did. The tail unit was standard, with a slightly greater span. Also the landing gear and rear fuselage were to be standard. The aircraft was to be propelled by a HS 300 HP left-rotating gearless engine. It did not receive any factory designation and remained just a conception.

S.E. 5a fighter plane – combat usage

THE BRITISH EMPIRE

The British had a relatively complicated approach to their fighter forces during the first two years of WWI. Royal Flying Corps squadrons at the time were largely limited to one well-made British fighter – the DH 2. This

S.E. 5e pozostający w amerykańskiej służbie jeszcze w 1926 roku. Widoczne zmienione malowanie oznaczeń państwowych na sterze kierunku i zmienione rury wydechowe.

An S.E. 5a still in service with US forces in 1926. National insignia on the tail and exhaust stacks have been changed.

(J. M. Bruce via E. Kocent-Zieliński)

Zastosowanie bojowe

Australijski S.E. 5a w zimowej scenerii Zachodniej Europy, 1918 r.

Australian S.E. 5a in a winter landscape somewhere in western Europe, 1918.

(Australian Flying Corps via Andre R. Zbiegniewski)

ze względu na brak silników. Dopiero z początkiem 1918 zaczęto powoli przezwyciężać trudności produkcyjne. Do tego czasu wiele dywizjonów wyposażono w nowy samolot RNAS, Sopwith Camel. Kiedy w kwietniu 1918 powstały Royal Air Force (z połączenia RFC i RNAS) posiadała dwa podstawowe typy myśliwca, które doskonale się uzupełniały – szybki i wytrzymały S.E. 5a operował na nieco większych pułapach, niżej królowały zwrotne Camele.

56 Squadron RFC

Pierwszym użytkownikiem S.E. 5 był 56 dywizjon RFC, sformowany 10 miesięcy wcześniej, który ruszył do walki na nowych maszynach 8 kwietnia 1917. Był już najwyższy czas, bo miesiąc ten przeszedł do historii jako „krwawy kwiecień". Niemieckie Albatrosy dokonały prawdziwej rzezi brytyjskich lotników, niszcząc 385 maszyn kosztem 114 własnych. W tej sytuacji 56 Sqn mógł choćby nieznacznie poprawić sytuację, tym bardziej, że nie składał się wyłącznie z nowicjuszy. Jego najlepszy pilot, kpt. Albert Ball miał już na koncie 31 zestrzeleń (część w 40 dywizjonie) i był wówczas czołowym asem RFC. To jemu właśnie przypadł zaszczyt zestrzelenia pierwszej wrogiej maszyny na S.E. 5 (A4850). 23 kwietnia 1917 posłał w płomieniach na ziemię Albatrosa D.III koło Cambrai-Selvigny. Niektóre publikacje pierwsze zestrzelenie na S.E. 5 przypisują temu samemu pilotowi dzień wcześniej (zestrzelony Albatros typ C koło Abancourt), ale Ball leciał wtedy na Nieuporcie (B1522), który stanowił dodatkowe wyposażenie jednostki. Pilot ten zestrzelił na S.E. 5 jeszcze 10 samolotów wroga. Jego mniej doświadczeni koledzy też osiągali sukcesy np. przyszły as (26 zestrzeleń) Gerald Maxwell osiągnął pierwsze zwycięstwo już 24 kwietnia i to podczas swojego pierwszego patrolu!

plane quickly became obsolete. The temporary plan was to replace them with Nieuports and and SPADs (imported or built on license). The Royal Naval Air Service had somewhat better luck with their Sopwiths (Pup and Triplane), but they possessed them in limited numbers. A new fighter plane to meet modern demands was desperately needed. The S.E. 5, designed specifically to meet the needs of the RFC, was eagerly awaited in the squadrons. Delivery was slow due to a lack of engines and it wasn't until the beginning of 1918 that production difficulties were overcome. In the meantime many squadrons were supplied with the new RNAS fighter, the Sopwith Camel. When the Royal Air Force was created out of the RFC and RNAS in April, 1918, it possessed two basic, complimentary fighter types – the S.E. 5a which was fast, dependable and good at higher altitudes, and the Camel, which reigned supreme at lower altitudes.

56 Squadron RFC

The first to fly the S.E. 5 was 56 Squadron RFC, formed 10 months before they entered combat with their new machines on April 8, 1917. It was "high time," too. That April would go down in history as Bloody April. German Albatroses were butchering the British aircrews and destroyed 385 British planes at a cost of just 114 of their own. 56 Squadron at least make a small difference to the outcome, especially considering the fact that many of its airmen were experienced pilots. Their best pilot, Capt. Albert Ball already had 31 kills to his name (some of them with 40 Sqn.) making him the leading RFC ace. He was also the first to shot down an enemy in an S.E. 5 (A4850). On April 23, 1917 he sent an Albatros D.III down in flames near Cambrai-Selvigny. Some sources credit Ball with a kill in

S.E. 5a fighter plane – combat usage

Wydawałoby się, że Albert Ball powinien zachwycić się nową maszyną, która pozwoliła mu odnieść tyle sukcesów, ale nic z tego. Nazwał go „zgniłym, nieruchawym pudłem", odmawiając wszelkich zalet. Pierwsze S.E. 5, jeszcze ze 150-konnym silnikiem, wielkim wiatrochronem i rurami wydechowymi plującymi spalinami w pilota mogły nie nastrajać zbyt optymistycznie, tym bardziej, że Ball przesiadł się na nie ze zwrotnego i lekkiego Nieuporta. Ten mający na koncie 44 zwycięstwa as nie doczekał nowej wersji samolotu (S.E. 5a), zginął bowiem już 7 maja 1917 r. na A4850 po walce z elitarną Jasta 11. Jego zestrzelenie zaliczono Lotharowi von Richthofenowi, choć wiele wskazuje na to, że zwycięzcami Balla była obsada przeciwlotniczego ckm. Dywizjon kontynuował walkę, a jego doświadczenia pozwoliły udoskonalić samolot. 56 dywizjon stał się prawdziwą kuźnią asów (w sumie 26), tocząc nieustannie intensywne walki. Najlepszy pilot jednostki, James McCudden osiągnął w tej jednostce 51 ze swoich 57 zestrzeleń. To on opracował podstawowe zasady prowadzenia patroli na S.E. 5a, kładąc nacisk na pracę grupową pilotów. Zauważył, że S.E. 5a nie może sprostać wrogim maszynom zwrotnością, ale może przerwać walkę i wykorzystać przewagę prędkości. Natomiast wzajemne pilnowanie ogonów kolegów mogło zabezpieczyć przed zwrotnym wrogiem. Stosowano więc latanie dwoma przecinającymi się kursami na przemian. W ten sposób jeden pilot stale osłaniał ogon drugiego. Po zastosowaniu tej taktyki konto zwycięstw jednostki szybko rosło. Przy jej użyciu pokonano 28 września 1918 jednego z najlepszych ówczesnych

a S.E. 5 the previous day (an Albatros C near Abancourt), but it's know that Ball was flying a Nieuport (B1522) at the time which was on reserve with the squadron. Ball shot down 10 more enemy planes in S.E. 5's. His less experienced comrades were also successful – among others, future ace Gerald Maxwell (26 kills) made his first kill on April 24 during his very first patrol.

It would seem that Albert Ball should have been happy with the new plane which allowed him to achieve so many victories, but he wasn't. In his words, "The S.E. 5 has turned out a dud... it is a rotten machine," and refused to compliment it at all. The first S.E. 5's, with a 150 HP engine, large windscreen and exhausts that spit out fumes in the pilot's face could have made a bad impression on him considering that he was used to the maneuverable and lightweight Nieuport. Ball, an ace with 44 victories to his name, didn't live to see the S.E. 5a. He was killed on May 7, 1917 in A4850 during a dogfight with the elite Jasta 11. His death was credited to Lothar von Richthofen although there is strong evidence which suggests that AA machine guns were the real cause. The squadron continued to fight, and its experience helped designers improve the plane. In fact, 56 Squadron became an ace factory, with twenty-six aces made during continuous and intensive fighting. The squadron's top ace, James McCudden, made 51 of his 57 kills while with 56 Squadron. He was also the author of S.E. 5a patrol tactics, which put emphasis on teamwork. He noticed that the S.E. 5a was unable to outmaneuver the enemy, but it could suspend the fighting and use its higher speed. By taking turns protecting the

S.E. 5a „postawiony na nosie" przez dowódcę 2 Squadronu australijskiego (AFC), kpt. G. H. Forresta (11 zwycięstw, wszystkie na tym samolocie).

This S.E. 5a was "set on its nose" by the CO of 2 Sqn. AFC, Capt. G. H. Forrest (11 victories, all in this plane).

(Australian Flying Corps via Andre R. Zbiegniewski)

Zastosowanie bojowe

pilotów niemieckich, Wernera Vossa, który samotnie walcząc przeciw sześciu S.E. 5a (z 56 i 60 dywizjonu) padł w końcu ofiarą Arthura Rhys-Davidsa (25 zwycięstw). Ale dobrze zastosowany, S.E. 5a sprawdzał się i w indywidualnej walce – trzy dni wcześniej, 25 września 1917 r. Leonard Barlow (20 zwycięstw) zestrzelił trzy samoloty w trzy minuty. Ten sam Barlow, zwany „mistrzem gadżetów" opracował nowy typ spustu, pozwalający jednocześnie strzelać z obydwóch karabinów maszynowych. Wiele z jego udoskonaleń weszło do konstrukcji seryjnych S.E. 5a.

Dywizjon pod dowództwem Jamesa Mc Cuddena (do 9 lipca 1918) wyrósł na jedną z najlepszych jednostek RAF (od 1 kwietnia ta formacja połączyła dywizjony RFC i RNAS). Latał do końca wojny na S.E. 5a. Pełnił nie tylko funkcje typowo myśliwskie, gdyż jego maszyny posłużyły też do akcji szturmowych atakując niemieckie oddziały lądowe 11,5 kg bombami Cooper. Misje te były bardzo niebezpieczne. Pomimo mocnej konstrukcji, maszyny były dość wrażliwe na ogień z ziemi, a ich zalety – duża prędkość pozioma i wznoszenia miały mniejsze znaczenie tam, gdzie liczyła się przede wszystkim zwrotność. Dlatego w akcjach szturmowych nieco lepiej sprawdzały się myśliwce Camel. Lepszym rozwiązaniem była... osłona Cameli z góry, co często dywizjon robił podczas ofensywy flandryjskiej, a potem w krytycznych dniach niemieckiej wiosenno-letniej ofensywy w 1918 roku. Kontrofensywa aliantów przyniosła też masę ataków na cele naziemne, głównie mosty i lotniska. Nie brakowało walk z myśliwcami wroga. W kwietniu i maju 1918 roku pojawił się nowy wróg – Fokker D.VII. Ta legendarna maszyna miała nieco lepsze wznoszenie od S.E. 5a, była też od niego znacznie zwrotniejsza. W tej sytuacji znowu 56 dywizjonowi udało się opracować nową taktykę walki S.E. 5a. Była to odmiana metody „uderzenie i ucieczka", stosowanej przez Fokkery. S.E. 5a nurkowały z przewagi wysokości, wykorzystując mocną konstrukcję do osiągnięcia znacznej prędkości. Po ostrzelaniu celu oddalały się lotem lekko wznoszącym, w którym duży udział miała znaczna prędkość pozioma S.E. 5a. Taktykę tę (zwaną

other planes rears they were able to protect themselves against a highly maneuverable enemy. A criss-cross flight path was used which allowed one pilot to cover the tail of the other. When this tactic was applied, the squadron's overall victory rate grew fast and it was thanks to this tactic that one of the best German pilots, Werner Voss, was defeated on September 28, 1917. He tried to take on 6 S.E. 5a's from 56 and 60 squadron alone and finally fell to Arthur Rhys-Davids (25 victories). The S.E. 5a, flown correctly, was also capable of holding its own in a one-on-one dogfight – three days earlier, on September 25, 1917 Leonard Barlow (20 victories) shot down three planes within three minutes. Barlow, known as the "gadget master," designed a new type of trigger which allowed him to fire both machine guns at once. Many of his improvements made their way into the S.E. 5a design.

James McCudden's squadron, which flew the S.E. 5a till the end of the war, would become one of the top RAF squadrons (it was formed on April 1, 1917 when RFC and RNAS squadrons were joined), but it was not limited to just a fighter role. McCudden's planes also performed attack missions dropping 11.5 kg Cooper bombs on German troops. Those missions were extremely dangerous – in spite of the planes being solidly built, they were quite vulnerable to ground fire. Their greatest strengths, high speed and a fast climb, were meaningless in conditions where maneuverability counted most. In many ways, the Camel was better for the attack role. The best solution was for the S.E. 5a to provide cover for the Camels from above. This was common during the Flanders offense and later during the critical days of the German Spring/Summer advance in 1918. The Allied counter-attack brought with it a large number of attacks on ground targets – mostly bridges and airfields and the dogfighting continued. May, 1918 brought a new threat – the Fokker D.VII. The now legendary machine was a marginally better climber than the S.E. 5a and was much more maneuverable. New tactics for air combat had to be designed by 56 Squadron. They came up with a variation of "hit and run" used by the Fokker pilots. The S.E. %a would

Australijskie S.E. 5a na lotnisku w marcu 1918 roku. Samoloty miały różne typy silników. Widoczny w centrum samolot z silnikiem z reduktorem miał na dolnym płacie kokardy w położeniu charakterystycznym dla wczesnych samolotów tego typu.

Australian S.E. 5a's in March, 1918 with various engines. The plane in the center (with geared engine) has placement of lower wing roundels typical for early models.

(Australian Flying Corps via Andre R. Zbiegniewski)

S.E. 5a fighter plane – combat usage

(Australian Flying Corps via Andre R. Zbiegniewski)

„dive and climb") opracował jeden z asów jednostki Cyril Crowe (15 zwycięstw, z tego 14 w 56 dywizjonie), przez 20 dni dowódca dywizjonu po śmierci Jamesa Mc Cuddena (9 lipca) w wypadku.

Sierpień 1918 przyniósł niebywałe natężenie walk w powietrzu. Godny uwagi był wyczyn kanadyjczyka Henry' ego Burdena, który w ciągu 10 sierpnia zestrzelił 5 Fokkerów D.VII (trzy rano i dwa wieczorem), a 12 sierpnia trzy następne, a dzień później jeszcze DFW C V i LVG C V. Także w sierpniu Harold Molyneaux zapisał na swe konto 5 Fokkerów, a wielu zniszczyło mniejszą liczbę tych groźnych maszyn. Walki trwały niemal do zawieszenia broni, a piloci, którzy dotychczas byli w cieniu bardziej utytułowanych kolegów zostawali asami często w ostatnich tygodniach wojny (Duncan Grinell-Milne został asem 3 listopada). Dywizjon w sumie zniszczył 396 samolotów i 6 balonów, z tego 210 samolotów zostało zaliczonych do kategorii zestrzeleń pewnych (destroyed), a 186 prawdopodobnych (out of control). Stracił 91 pilotów, w tym 20 rannych i 31 jeńców wojennych. Jednostka po zawieszeni broni nadzorowała warunki rozejmu.

60 Dywizjon RFC/RAF

Ta jednostka, w przeciwieństwie do 56 dywizjonu (który walczył praktycznie tylko na S.E. 5) miała za sobą długi staż na Nieuportach. „Przesiadła" się na S.E. 5a w lipcu 1917 r. Korzystała

dive down on the enemy, taking advantage of the Se 5a's strength to achieve high speed. Once the enemy had been fired upon, the S.E. 5a would level out and enter a gradual ascent. This tactic, known as "dive and climb" was designed by one of the squadron's aces, Cyril Crowe (15 victories total, 14 while serving with 56 Squadron) who served as Squadron leader for twenty days following the death of James McCudden in an crash on July 9.

August, 1918 brought a drastic increase in air combat. One of the heroes of that period was the Canadian, Henry Burden, who shot down five Fokker D.VII's (three in the morning and two in the evening) on August 10, three more on August 12 and a DFW C V and LVG C V the following day. Before the month was out, Harold Molyneaux had shot down five Fokkers, and other pilots destroyed more of these threatening machine, although in lesser numbers. Fighting continued until the armistice was signed and many pilots who up till now had been overshadowed by the achievements of their comrades gained ace status during the last weeks of the war (Duncan Grinell-Milne) became an ace on November 3). The squadron had destroyed a total of 396 enemy planes and 6 balloons, of which 210 planes were counted as destroyed and 186 as out of control. They had lost ninety-one pilots – of which twenty were injured and thirty-one taken prisoner. The squadron was later assigned to monitor the armistice.

Wojna skończona, pozostało zmęczenie. Lotnicy 2 Squadronu AFC przed swoimi maszynami na lotnisku Lille tuż po zakończeniu działań wojennych.

The war may be over, but the tiredness remains. Airmen of 2 Sqn. AFC stand by their planes near Lille soon after fighting ceased.

Samoloty 2 Squadronu AFC przed drewnianym hangarem w Lille. Drugi od lewej S.E. 5a (E5765) był „wierzchowcem" Ernesta Davies'a, który zestrzelił na nim dwa Fokkery D.VIII i dwa LVG typ C.

Planes from 2 Sqn. AFC parked by wooden hangars at Lille. The center S.E. 5a (E5765) was Ernest Davies' favorite in which he shot down two Fokker D.VIII's and two LVG C's.

(Australian Flying Corps via Andre R. Zbiegniewski)

Zastosowanie bojowe

jednak z doświadczeń 56 sqn, który wcześniej używał tych maszyn. Zadania wypełniała bardzo podobne, jak poprzednio omówiona jednostka. Miała w swoim składzie także 26 asów, w tym najznakomitszego z Kanadyjczyków, Wiliama Bishopa, który zgłosił aż 72 zwycięstwa (z tego 35 na S.E. 5a, w tym 11 w 60 dywizjonie). Największe sukcesy osiągnął na S.E. 5a w tym dywizjonie Frank Soden, który zestrzelił 14 samolotów (w sumie zaliczono mu 27 razem ze zwycięstwami w 41 dywizjonie). Pokonał m. in. znakomitego bawarskiego asa Maxa von Mullera. Ale niewiele ustępowali mu Harold Hamersley, James Belgrave, Alfred Saunders (13-12 zwycięstw na S.E. 5a). Dywizjon ten miał nieco łatwiejszych przeciwników niż 56 Sqdn – rzadziej spotykał Fokkery D.VII, a jeszcze rzadziej je zestrzeliwał. Prowadził działania do końca wojny, zgłaszając w sumie 320 zwycięstw (z tego ponad połowę na S.E. 5a).

84 Dywizjon RFC/RAF
Dywizjon ten sformowany został na początku stycznia 1917 roku i od razu przeznaczony na nowe maszyny. Służbę rozpoczął na mniej udanych S.E. 5 w sierpniu 1917 roku, a S.E. 5a otrzymał dopiero w styczniu 1918. Była to wyróżniająca się jednostka, w ciągu wojny zgłosiła 323 zwycięstwa. Często przeznaczana do walki na małej wysokości lub do ataków na pilnie

60 Squadron RFC/RAF
This squadron, unlike 56 (which flew mostly S.E. 5's) had a lot of experience in Nieuports. The move to the S.E. 5a took place in July, 1917. Because of this, the pilots of 60 Sqn. were able to take advantage of the experience gained by 56 Sqn. They performed their missions similarly to 56 Sqn. They had twenty-six aces among them, including the greatest of the Canadians, William Bishop, an ace with seventy-two victories to his name (35 in the S.E. 5a, 11 of them while with 60 Sqn.). The greatest success among 60 Sqn. pilots in the S.E. 5a was had by Frank Soden (14 victories in 60 Sqn. and 13 in 41 Sqn.). He shot down the great Bavarian ace, Max von Muller. Not far behind were Harold Hamersley (13 victories), James Belgrave (12 victories) and Alfred Saunders (12 victories), all pilots of S.E. 5a fighters. 60 Sqn. were up against a less dangerous enemy than 56 Sqn. – they had little contact with Fokker D.VII's and shot very few of them down. They served through to the end of the war and claimed a total of 320 victories, more than half of them in the S.E. 5a.

84 Sqn. RFC/RAF
Formed in January, 1917, the pilots were immediately assigned to the new planes. They began their tour in August, 1917 in the S.E. 5 and had to wait until January, 1917 to receive the

Samolot z 6 (treningowego) Squadronu AFC na lotnisku Minchinhampton w końcu 1918 roku. Dobrze widoczne „sznurowania" kadłuba oraz szczegóły uzbrojenia.

A plane from 6 (training) Sqn. AFC at the Minchinhampton airfield at the end of 1918 with a good view of the fuselage "lacing" and armament details.

(Australian Flying Corps via Andre R. Zbiegniewski)

S.E. 5a fighter plane – combat usage

(Australian Flying Corps via Andre R. Zbiegniewski)

Instructor Capt. L. H. Holden posed with three "beautiful ladies." The most beautiful of the three is the S.E. 5a from 6 (training) Sqn. AFC.

S.E. 5a. It was a prominent squadron – during their service they claimed 323 victories. Often assigned to combat at low altitudes or attacks on well-defended observation balloons, the squadron performed their work well. With no respite they kept up the murderous fight from February, 1918 till the end of the war. The squadron played an important role giving cover for the Allied retreat during the critical Battle of St. Quentin (March 21, 1918) as well as performing reconnaissance and attack missions. The squadron worked well as a team, suffering minimal losses during the most dangerous of missions. The squadron produced twenty-five aces, among them a native of South Africa, Captain Andrew Beauchamp-Proctor, the most effective S.E. 5a pilot (54 victories in the S.E. 5a) and the best "balloon buster" in the British Empire (16 balloons). He was an unusual character – 155 cm tall, he had the relatively spacious cockpit of the S.E. 5a modified with a raised seat, rudder bar and stick moved back and the gun sight moved to a new position. Even after sustaining multiple injuries from ground fire he continued to fly combat missions. His career peaked between August and September, 1918 when he doubled his number of victories and took part in a murderous fight between twelve British S.E. 5a's and twenty-eight Fokker D.VII's. He shot down two planes during the fight and his squadron returned without losses. For his actions he was awarded the Victoria Cross in November. Also in this squadron was James McCudden's younger brother, John McCudden. He achieved six of his eight victories (including a victory against the German ace Ulrich Neckel – 30 victories) before he fell victim to a Fokker Dr. I flown by Hans Wolff of the elite Jasta 11. Other aces in the squadron included Walter Southey (40 victories) and Carl Falkenberg (17

Zastosowanie bojowe

41 Dywizjon RFC/RAF

Dywizjon ten, w większości złożony z Kanadyjczyków w końcu listopada i grudniu 1917 roku zamienił swoje DH 5 na S.E. 5a. Od razu przyszły sukcesy – 29 listopada 1917 roku Russel Winnicot zestrzelił Albatrosa D.V. Jednak prawdziwie dobra passa zaczęła się wraz z końcem lutego 1918 roku. Opanowawszy nową maszynę, pod dowództwem Geofreya Bowmana dywizjon, który dotychczas odnosił raczej umiarkowane sukcesy okazał się być znakomitą jednostką. Najwięcej sukcesów osiągnął Wiliam Claxton (37 zwycięstw na S.E. 5a). Zestrzelony 17 sierpnia 1918 po zaciętej walce przez Fokkera D.VII, za którego sterami zasiadał Johannes Gildemeister, został jeńcem wojennym. Wielu pilotów jednostki odnosiło często błyskotliwsze zwycięstwa niż ich bardziej nagradzani medalami koledzy z 60 dywizjonu. Frederic Mc Call (35 zwycięstw, w tym 32 na S.E. 5a), Wiliam Schields (24 zwycięstwa, w tym 5 balonów), Eric Stephens (13 zwycięstw w ciągu 5 miesięcy) tworzyli sławę jednostki, która większość swych sukcesów zawdzięczała w dużej mierze właśnie użyciu samolotów tak pogardzanych przez A. Balla. Przy ocenie dokonań dywizjonu trzeba wziąć pod uwagę fakt, że wykonywał on znacznie więcej zadań szturmowych, do których był już wyznaczany gdy latał jeszcze na nadających się niemal jedynie do tego celu DH 5. Często zmieniając lotniska, nierzadko napotykał wroga nr 1 – Fokkery D.VII (sam McCall miał ich na koncie 8). Jednostka, kończąc działania w listopadzie 1918 miała na koncie 246 samolotów wroga, z tego 240 na S.E. 5a. Tylko 134 należało do kategorii out of control.

Australijski S.E. 5a. Samolot ma silnik Hispano-Suiza z reduktorem i wczesny typ dwudzielnej chłodnicy.

Australian S.E. 5a with a geared Hispano-Suiza engine with an early type double radiator.

41 Squadron RFC/RAF

Predominantly made up of Canadians, the squadron traded in its DH 5»s for S.E. 5a's at the end of November, 1917 and success came quickly – on November 29, 1917 Russel Winnicot shot down an Albatros D.V. The real luck, however, started at the end of February, 1918. Having mastered the new machines, Geoffrey Bowman's squadron, previously average at best, started becoming an excellent fighting unit. The top ace was William Claxton (37 victories in the S.E. 5a). Shot down on August 17, 1918 after a fierce fight with a Fokker D.VII piloted by Johannes Gildemeister, he was taken prisoner. Many pilots from this squadron gained victories faster than their more medalled colleagues from 60 Squadron. Frederick McCall (35 victories, 32 in S.E. 5a's), William Schields (24 victories incl. 5 balloons) and Eric Stephens (13 victories within five months) made the squadron famous – and they did it in the planes that were so disliked by Albert Ball. When judging the squadron's achievements, we must take under consideration the fact that it was assigned many more attack missions than it had when flying the DH 5 which was more suited to the role. Often reassigned to new airfields, the pilots often had to deal with enemy number one, the Fokker D.VII (McCall had shot down eight himself). When the squadron finished its tour in November, 1918, it had 246 victories, 240 of them in the S.E. 5a. Of the 246 victories, only 134 were shot down out of control.

(RAAF Museum via Andre R. Zbiegniewski)

S.E. 5a fighter plane – combat usage

(Australian Flying Corps via Andre R. Zbiegniewski)

Przeglądy treningowych S.E. 5a z 6 Squadronu AFC.

Inspection of S.E. 5a's used for training by 6 Sqn. AFC.

40 Dywizjon RFC/RAF
Jednostka otrzymała pierwsze S.E. 5a w październiku 1917 roku. Największe sukcesy dywizjon osiągnął w okresie wiosna – jesień 1918 roku. Walki w tym okresie były wyczerpujące, a straty znaczne (sto procent składu osobowego), choć dywizjon był oszczędzany i nie otrzymywał zbyt wielu misji przeciw celom naziemnym. Często przenoszeni do niego byli doświadczeni piloci z 24 dywizjonu (np. George McElroy, który osiągnął tu 29 ze swych 47 zwycięstw). Kadra dywizjonu 40 była doskonała, a współpraca pomiędzy pilotami układała się dobrze. W formacji tej rozpoczął karierę przyszły superas S.E. 5a Edward Mannock (16 zwycięstw w tej jednostce, większość z nich osiągnął jeszcze podczas służby dywizjonu na Nieuporcie, łącznie osiągnął 61). Zniszczono około 260 samolotów wroga (dane te są nie do końca potwierdzone, z czego ponad połowę na S.E. 5a). Tytuł asa osiągnęło 24 pilotów.

24 Dywizjon RFC/RAF
Ten najstarszy brytyjski dywizjon jednomiejscowych myśliwców otrzymał S.E. 5a w końcu grudnia 1917 r. Legendarna jednostka w ciągu 1917 przeżywała kryzys, straciła bowiem większość swoich asów z roku 1916, kiedy to była postrachem Fokkerów Eindecker. Nowy samolot tchnął nowego ducha w walecznych Irlandczyków. Znów w jego szeregach zabłysły gwiazdy pilotażu: mjr Thomas Hazell w jego szeregach osiągnął 23 zwycięstwa (pozostałe 20 w innych dywizjonach), Ian McDonald (20 zwycięstw), pogromca dwóch niemieckich asów (Hansa Wolffa i Kurta Wüsthoffa, którego wziął do niewoli) oraz zwycięzca w 17 innych pojedynkach kpt. Horace Burton, Australijczyk kpt. Andrew Cowper (19 zwycięstw, w tym 17 na S.E. 5a), najlepszy z Irlandczyków kpt. George McElroy (47 zwycięstw, w tym 18 w 24 sqdn) i wielu innych. W sumie od początku istnienia dywizjon wychował 33 asów, z tego 22 osiągnęło tytuł na S.E. 5a, pozostali to gwiazdy poprzedniej epoki. W sumie dywizjon zniszczył 297 samolotów wroga, z czego 2/3 na S.E. 5a. Największe natężenie walk dla dywizjonu nastąpiło między lutym a majem 1918, kiedy to

40 Squadron RFC/RAF
The first S.E. 5a's were delivered to the squadron in October, 1917. The largest number of successes was reached between Spring and Fall of 1918. The fighting was fatiguing during this period, and losses were high (over 100%) although the squadron was kept back and not assigned many missions against ground targets. Experienced pilots from 24 Squadron were often transferred to 40 Squadron (George McElroy among others, who scored 29 of his 47 victories while with 40 Sqn.). The pilots were excellent and worked well together. The future S.E. 5a super ace, Edward Mannock (16 victories in this squadron while the bulk of his victories were made in Nieuports with a total of 61 victories). Approximately 260 enemy planes were destroyed (these figures were never verified completely), half of which were in S.E. 5a's. A total of twenty-four aces belonged to the squadron.

24 Squadron RFC/RAF
The oldest British single-seat fighter squadron received its S.E. 5a's at the end of December, 1917. The legendary squadron survived a crisis during 1917 when it lost most of its 1916 aces who had so successfully scared Eindecker's Fokker pilots. The new plane helped breathe new life into these fighting Irishmen and stars shined like Maj. Thomas Hazell, who scored 23 victories while with 24 Sqn. and another 20 in other squadrons, Ian McDonald (20 victories), the tamer of two German pilots (Hans Wolff and Kurt Wüsthoff, who he took prisoner), Capt. Horace Burton, victor of seventeen dogfights, the Australian Capt. Andrew Cowper (19 victories total, 17 in the S.E. 5a), the best of the Irishmen – Capt. George McElroy (47 victories, 18 in 24 Sqn.) and many others. The squadron produced a total of thirty-three aces, the last twenty-two of whom reached that status in the S.E. 5a. The squadron destroyed a total of 297 enemy planes and two-thirds of those victories were won in S.E. 5a's. Their most intensive period of fighting was between February and May, 1918 during which time the squadron was flying three missions daily. Mostly they fought

S.E. 5a

Zastosowanie bojowe

dywizjon startował nawet po 3 razy dziennie. Wrogami 24 dywizjonu najczęściej były Pfalze D.III z bawarskich Jasta, ale nie brakowało też Fokkerów Dr I czy D.VII. Jedną z ciekawszych walk stoczono 15 marca 1918 r. w pobliżu Brancourt, kiedy S.E. 5a zaskoczyły doskonałą niemiecką Jasta 12. Znacznie zwrotniejsze Fokkery Dr I zostały pokonane, a jeden z najlepszych pilotów tej jednostki Adolf von Tutschek zginął pokonany przez Harolda Redlera.

32 Dywizjon RFC/RAF
Ten dywizjon zamienił swoje DH 5 na S.E. 5a w styczniu 1918. Dywizjon ten częściej niż wymienione wcześniej wykonywał zadania ataków na cele naziemne. Dlatego wyjątkowo często ponosił straty od ognia z ziemi. Tak zginął najlepszy pilot jednostki, Walter Tyrell (18 zestrzeleń). Skład dywizjonu był wyjątkowo „mieszany narodowościowo" – było w nim tyle samo Brytyjczyków co Amerykanów, Kanadyjczyków i Australijczyków. Mimo to zespół działał dość dobrze, jeszcze latając na poprzednim typie myśliwca (większość z 16 asów została nimi jeszcze na DH 2 i DH 5). Wprowadzenie S.E. 5a stanowiło skok jakościowy, ale wydaje się, że zmiana typu samolotu przeszła tu wyjątkowo trudno. Naziemny personel miał trudności z obsługą silników Hispano i Viper. Dopiero późnym latem i jesienią jednostka osiągnęła większe sukcesy w walkach powietrznych. Wśród niespełna 200 zestrzelonych przez nią maszyn wroga S.E. 5a zestrzeliły mniej niż 1/3, w tym ostatnie już w listopadzie 1918 r.

1 Dywizjon RAF
Dywizjon ten otrzymał nowe samoloty dopiero w lutym 1918 roku, pomimo (a może właśnie z powodu) sukcesów odniesionych wcześniej na

against Pfalz D.III's from Bavarian Jastas but there were also Fokker Dr.I's and D.VII's. One of the more interesting fights took place on March 15, 1918 near Brancourt when five S.E. 5a's surprised the renowned Jasta 12. The more maneuverable Fokker Dr.I's were overcome and one of their best pilots, Adolf von Tutschek was killed when he lost to Harold Redler.

32 Squadron RFC/RAF
They made the change from DH 5's to S.E. 5a's in January, 1918. This squadron was very often used to attack ground targets and suffered unusually high losses from ground fire and their best pilot, Walter Tyrell (18 victories) was killed in this way. The squadron's make-up was exceptionally international, with equal proportions of Brits, Americans, Canadians and Australians. In spite of this the squadron functioned well even in the previous planes (the majority of the 16 aces reached that status in the DH 2's and DH 5's). The introduction of the S.E. 5a was a leap forward in quality but it seems that the change was exceptionally difficult for this squadron. The mechanics had problems servicing the Hispano and Viper engines and it wasn't until late summer that the pilots became more successful during aerial combat. Of the 200 enemy planes shot down by the squadron, les than one-third of them were in the S.E. 5a. Their last victory came in November, 1918.

1 Squadron RAF
This squadron didn't receive the S.E. 5a until February, 1918 in spite of (or maybe because of...) their previous success with the Nieuport. The pilots experienced major difficulties with getting accustomed to the new planes. Just like Capt. Ball, it was tough for them to go from the

Australijscy bohaterowie walk na S.E. 5a, przyszły 2 Squadron AFC, sfotografowany przed bitwą pod Cambrai. Wówczas Squadron nosił jeszcze numer 68 RFC i „dosiadał" DH 5.

Australian pilots from 68 Sqn. RFC which flew DH 5s, here shown before the battle of Cambrai. They would later become heroes as 2 Sqn. AFC flying S.E. 5a's.

(J. M. Bruce via E. Kocent-Zieliński)

(J. M. Bruce via E. Kocent-Zieliński)

Nieuportach. Wystąpiły tu spore kłopoty z opanowaniem nowej maszyny. Podobnie jak w przypadku Balla ciężko było pilotom zwrotnych Nieuportów nauczyć się zasad walki na przyciężkich S.E. 5a. Dlatego w rankingu asów jednostki najlepszy w niej pilot S.E. 5a, Amerykanin Howard Kullberg zajmuje dopiero 6 pozycję, a jednostka 80% sukcesów (osiągnęła łącznie 350 zwycięstw) odniosła na poprzednim typie maszyny. Trzeba jednak pamiętać, że prestiżowy numer 1 był związany z częstymi przenosinami pilotów i wyznaczaniem ich do zadań instruktorskich. To powodowało, że dywizjon w momencie latania na S.E. 5a nie tworzył już takiego zespołu, jakim mogły się pochwalić 56, 60 czy 84 dywizjon. Wielu młodych pilotów ginęło w ciągu pierwszych trzech lotów. Jednostce przyszło często walczyć z Fokkerami Dr.I, z którymi bezskutecznie próbowano walki manewrowej. Wskazuje to na duży błąd dowództwa, gdyż taką jednostkę należało wyposażyć w Camele.

64 Dywizjon RFC/RAF
Marzec 1918 zastał tę jednostkę z nowymi maszynami. Używana głównie do niebezpiecznych ataków na cele naziemne nie osiągnęła zbyt błyskotliwych sukcesów, choć 130 zestrzeleń to też nie było mało. Najlepszy pilot jednostki, James Slater osiągnął 22 ze swych 24 zestrzeleń właśnie na S.E. 5a, choć odznaczany był jako wyjątkowy pilot ... szturmowy. Wynikało to z najczęstszych zadań jednostki, często podejmowanych we współpracy z Camelami. Między majem a sierpniem dywizjon pełnił więcej dyżurów na dużym pułapie, co zaowocowało zwycięstwami nad Fokkerami D.VII, co dało jednostce w sumie 11 asów.

29 Dywizjon RFC/RAF
Dywizjon otrzymał nowe maszyny w kwietniu 1918. Jak się jednak okazało, doświadczenia z Nieuportami nie wpłynęły źle na pracę na nowym sprzęcie. Brało się to być może stąd, że jed-

highly maneuverable Nieuport and learn the techniques required to fight well in the stodgy S.E. 5a. That's why the squadron's best S.E. 5a pilot, the American Howard Kullberg, was sixth on the list of aces and 80% of the squadron's 350 victories were scored on earlier machines. It's important to note that the prestigious 1 Sqn. frequently was received transfer pilots who were assigned to flight instruction. Because of this the squadron was not as tight a unit as 56, 60 or 80 Squadrons when they took delivery of their S.E. 5a's. Many of the young pilots were killed on one of their first three flights. The squadron was often pitted against Fokker Dr.I's which could easily outmaneuver them. That was a fatal mistake on the part of the officers in charge, since such a squadron should have been equipped with Camels.

64 Squadron RFC/RAF
64 Sqn. took delivery of their S.E. 5a's. Assigned mostly to dangerous attacks against ground targets, the pilots didn't rack up huge successes, but their total of 130 victories was nothing to cry about. The squadron's best pilot, James Slater made 22 of his 24 kills in the S.E. 5a although he received distinction as an attack pilot. This was because the squadron was most often assigned to missions in cooperation with Camels. Between May and August they were assigned more high altitude missions which gave them the chance to fight against Fokker D.VII's and help make eleven aces.

29 Squadron RFC/RAF
The squadron was refitted with S.E. 5a's in April, 1918. In this instance, previous experience in Nieuports had no negative effect on the squadron's ability to adapt to the new machines. This may have been due to the fact that the squadron often changed the planes it flew. Twenty-six aces came from its ranks and more than half of their 385 victories were won in S.E. 5a's. Their most interesting battle took

Samoloty z 6 australijskiego Squadronu w bazie Minchinhampton. Widoczny mieszany skład szkolnego Squadronu – trzy S.E. 5a i szkolny Avro 504.

Australian 6 Sqn. training planes at Minchinhampton with a mix of three S.E. 5a's and an Avro 504.

Zastosowanie bojowe

nostka ta często zmieniała samoloty. Dochowała się 26 asów, a ponad połowę z 385 zwycięstw osiągnęła na S.E. 5a. Najciekawszą walką samolotów dywizjonu było starcie z 2 października 1918. W starciu 4 S.E. 5a z 8 Fokkerami D.VII, Brytyjczycy zestrzelili 4 bez strat. Innego wyczynu dokonał wcześniej (31 sierpnia) Arthur Reed (20 zwycięstw), samotnie atakując 5 Fokkerów DVII i zestrzeliwując z nich jednego. Dywizjon miał 29 asów, z tego 4 miało 22-19 zestrzeleń.

74 Dywizjon RFC/RAF

Walczył na S.E. 5a od początku kariery. Był to nowo sformowany „dream team", w jego składzie znaleźli się tacy piloci jak wspominany już Edward „Mick" Mannock (36 zestrzeleń w tym dywizjonie z 61), kawaler VC (pośmiertnie) czy Ira Jones (37 zwycięstw). W ciągu krótkiej kariery dywizjon zestrzelił 205 maszyn wroga i miał 17 asów. Ułatwiało mu karierę przeznaczanie go do lotów typowo myśliwskich.

85 Dywizjon RAF

Otrzymał swoje S.E. 5a w maju 1918, równolegle używając Sopwithów Dolphinów, ale większość sukcesów odniósł na S.E. 5a. Często przeznaczony do walk z celami naziemnymi, był ostatnim dywizjonem takich gwiazd jak Wiliam „Billy" Bishop (w tym dywizjonie zestrzelił 25 samolotów wroga) czy Edawrd Mannock (8 zwycięstw w tym dywizjonie). To w jego szeregach poległ Mannock, osłaniając przed ogniem z ziemi młodszego kolegę. W sumie jednostka miała w swych szeregach 8 asów, zgłaszając 99 zwycięstw.

92 Dywizjon RAF

Ten nowy dywizjon rozpoczął karierę w lipcu 1918 roku. Mimo tak krótkiego czasu działań mógł się pochwalić 56 zwycięstwami i najlepszym pilotem z 16 sukcesami. Większość zwy-

place on October 2, 1918. In a fight between four S.E. 5a's and eight Fokker D.VII's, the British shot down four Germans with no losses of their own. Earlier, on August 31, Arthur Reed (20 victories) attacked five Fokker D.VII's on his own and shot one of them down. The squadron produced 29 aces, four of whom had between 19 and 22 victories.

74 Squadron RFC/RAF

This was a "dream team" created after the introduction of the S.E. 5a. Included in the squadron were such pilots as Edward "Mick" Mannock (36 of his 61 victories were made here), posthumously awarded the Victoria Cross or Ira Jones (37 victories). During its short career, the squadron shot down 205 enemy planes and produced 17 aces. Their job was made easier by the fact that they were assigned to typical fighter missions.

85 Squadron RAF

The squadron received S.E. 5a's in May, 1918 to use along with their existing Sopwith Dolphins. The majority of their successes were made in the S.E. 5a's. Often assigned ground attack roles, it was the last squadron of such heroes as William "Billy" Bishop (he shot down 25 enemy planes while with this squadron) or Edward Mannock (8 victories in this squadron). Mannock was killed in action while with this squadron as he tried to shield a younger comrade from ground fire. The squadron scored a total of 99 victories and had eight aces in its ranks.

92 Squadron RAF

This latecomer was formed in July, 1918. In spite of its short career it boasted 56 victories total and an ace with 16 victories. The majority of victories were scored against two-seat planes. This

Australijczycy przed samolotem S.E. 5a z czterołopatowym śmigłem, starszym podwoziem i zdemontowanym uzbrojeniem.

Australians with an unarmed S.E. 5a with a four-blade propeller and old style undercarriage.

(J. M. Bruce via E. Kocent-Zieliński)

S.E. 5a fighter plane – combat usage

S.E. 5a prezentowany na lotnisku Mokotowskim w styczniu 1920 r. Egzemplarz ten rozbił por. Mroczkowski 2 lutego 1920 r.

An S.E. 5a at Mokotow airfield in January, 1920. It was crashed on February 2, 1920 by Lt. Mroczkowski.

(J. M. Bruce via E. Kocent-Zieliński)

cięstw stanowiły samoloty dwumiejscowe. Dywizjon ten udowodnił, że prostota pilotażu S.E. 5a stanowiła ogromny atut dla „żółtodziobów".

RAF Home Defence – 37, 50, 61, 143. Jednostki te otrzymały w sumie 74 myśliwce S.E. 5a, jednak za późno, by mogły dorównać sukcesom Camelom z formacji HD. A szkoda, bo S.E. 5a miał wiele zalet predestynujących go do tej roli (np. km na zamocowaniu Fostera, nie oślepiające pilota rury wydechowe itp.).

Palestyna
111 Dywizjon RAF. Dywizjon ten w Palestynie używał jednocześnie Nieuportów i S.E. 5a (od stycznia 1918). Zgłosił w sumie 59 zestrzeleń (4 asów), ale niska intensywność walk w powietrzu w tym rejonie powodowała, że był to wynik bardzo dobry.
145 Dywizjon RAF. Dywizjon, który stał się w czasie II wojny legendą, w czasie I nie wykazał się takimi sukcesami i pozostawał w cieniu 111.

Macedonia – 17 Dywizjon RFC, 47 Dywizjon RFC, 150 Dywizjon RAF. Dywizjony te mają wspólną historię. 17 i 45 zostały połączone, tworząc 150 dywizjon w maju 1918 roku. Używając jednocześnie S.E. 5a i Cameli w sumie zestrzelił na trudnym froncie około 100 samolotów wroga, a w jego szeregach walczyło 10 asów. W szeregach 47 dywizjonu walczył krótko znany as Samuel Kinkead (35 zwycięstw)

Mezopotamia – 72 Dywizjon RAF. Nie osiągnięto tam błyskotliwych sukcesów, ale dywizjon pełnił ciężką służbę w pustynnym terenie.

* * *

Łącznie dostarczono 2973 sztuk samolotów S.E. 5 i S.E. 5a. W sumie w końcu wojny w służbie było 2696 (z tego we Francji 472), a jeszcze blisko 1407 sztuk pozostawało w magazynach. Samolot osiągnął znacznie lepszy stosunek zwycięstw do strat niż Sopwith Camel.

squadron proved that the simplicity of flying a S.E. 5a was a great advantage to "green" pilots.

RAF Home Defence Squadrons – 37, 50, 61 and 143. These squadrons received a total of 74 S.E. 5a's but too late for the pilots to equal the success of Camel pilots from Home Defence. This was a shame considering the fact that the S.E. 5a had many traits which made it ideal for this role (among others, its machine gun on a Foster mount or the exhaust stacks which didn't blind the pilot).

Palestine
111 Squadron RAF. This Palestine based squadron flew both the Nieuport and S.E. 5a (from January, 1918) simultaneously. It claimed a total of 59 victories (4 aces) which was an excellent result for a region with a low level of combat intensity.
145 Squadron RAF. This squadron, which became legendary during WWII, spent its time during WWI in the shadow of 111 Squadron.

Macedonia – 17 Squadron RFC, 47 Squadron RFC, 150 Squadron RAF. These squadrons share a common history. 17 and 45 were combined to create 150 Squadron in May, 1918. In both S.E. 5a's and Camels they shot down about 100 enemy planes on a difficult front. Ten aces fought in the squadrons, among them the famous Samuel Kinkead (47 Sqn., 35 victories).

Mesopotamia – 72 Squadron RAF. They achieved no dazzling successes, but served in very difficult desert conditions.

* * *

Altogether, 2,973 S.E. 5's and S.E. 5a's were delivered. By the end of the war there were 2,696 in service (including 472 in France) and another 1,407 in storage. The plane had a much better ratio of wins to losses than the Sopwith

Zastosowanie bojowe

Przegląd S.E. 5a 7 eskadry myśliwskiej na lotnisku polowym Hołoby 15 lipca 1920 r. Kilka godzin później samolot został zestrzelony ogniem z ziemi, a pilot – kpt. Ciecierski dostał się do bolszewickiej niewoli. Był to jedyny S.E. 5a użyty bojowo w Polsce (polski numer 12.01).

Inspecting a S.E. 5a from 7 Fighter Squadron at an airfield in Holoby on July 15, 1920. A few hours later the plane was shot down by ground fire and the pilot, Capt. Ciecierski was taken prisoner by the Bolshevists. This was the only S.E. 5a used for combat in Poland (Polish number 12.01).

(W. Bączkowski via E. Kocent-Zieliński)

Stracono w walkach tylko 235 samolotów. Po wojnie służyły do 1922, a potem wiele z nich przeszło w ręce prywatne, służąc np. do pisania po niebie dymem (np. znanej także w Polsce firmie Savage Skywritting CO) czy w „powietrznych cyrkach".

INNI UŻYTKOWNICY
USA
Amerykanie obsadzili tylko dwa dywizjony S.E. 5a, ale nie weszły do walki przed końcem wojny. Wielu Amerykanów walczyło na nich natomiast w szeregach brytyjskich dywizjonów. W Stanach Zjednoczonych służyły na nich dywizjony 17, 24, 27, 94, 95, 177. Służyły też w bazie marynarki Quantico. Próby produkcji w zakładach Curtissa nie powiodły się, mimo to służyły do połowy lat dwudziestych, a potem były ulubionym samolotem prywatnym (m.in. latał na nim Charles Lindbergh)

Niemcy
Niemcy przebadali kilka sztuk zdobytych S.E. 5a. Ponieważ niewielu niemieckich „kanone" mogło się pochwalić większą ilością zwycięstw nad

Camel. Only 235 were lost in battle. They remained in service until 1922, when many were sold to private owners and used for things like skywriting (in Poland they were used by the Savage Skywriting Company) or aerial circuses.

OTHER USERS
U.S.A.
Only two American squadrons were equipped with the S.E. 5a, but neither of them fought during the war. However, many Americans flew them for the British during the war. They were used in America by 17, 24, 27, 94, 95 and 177 squadrons. They were also used at Marine Corps Base Quantico. In spite of the fact that attempts to build the plane at the Curtiss factory failed, the planes served through the mid-1920s when they were sold to private buyers (Charles Lindbergh flew one).

Germany
The Germans analysed a few captured S.E. 5a's. Because very few German "kanone" (aces) could claim more than three victories over the S.E. 5a

Powojenne zdjęcie S.E. 5a. Samolot z silnikiem Volesley Viper nosi barwę cellonowanego płótna.

A post-war S.E. 5a with a Wolseley Viper engine and doped canvas finish.

(J. M. Bruce via E. Kocent-Zieliński)

S.E. 5a fighter plane – combat usage

S.E. 5a niż 3 (w tym Manfred von Richthofen i Erich Loewenhardt), oceniano maszynę tę jako górującą nad niemieckimi. Badania nie miały jednak wielkiego wpływu na nowopowstające konstrukcje niemieckie, ze względu na niemożność skopiowania oryginalnego silnika. Używano natomiast S.E. 5a do szkolenia w metodach walki z rewelacyjnym brytyjskim myśliwcem.

Australia
2 Dywizjon AFC (dawny 68 RFC). Ten wydzielony z RFC australijski dywizjon otrzymał nowe maszyny w grudniu 1917. Pierwsze sukcesy osiągnął na nich w marcu 1918 roku. Wcześniej dywizjon nie miał sukcesów, natomiast odkąd dobrze opanował nowe samoloty, sukcesy nagle „sypnęły się" upartym Australijczykom. 16 pilotów dywizjonu zostało asami, a zwycięstw odnotowano 170.
6 Dywizjon AFC. Latał na Camelach, otrzymał nowe S.E. 5a pod koniec 1918 i nie zdążył na nich odnieść sukcesów. Piloci ci mocno narzekali na nowe maszyny, choć chwalili ich niezawodność.

Po wojnie 35 S.E. 5a służył w australijskim lotnictwie do lat trzydziestych, w bazach Melbourne, Spotswood i Cook.

Holandia
Używano tam jednego S.E. 5a, który przypadkowo wylądował w Holandii podczas wojny. Nazwany tam został S.E. 214 (numer RFC B4885).

Polska
W Polsce użyto dwóch S.E. 5a. Stanowiły egzemplarze pokazowe firmy Handley Page. Jeden

(among them Manfred von Richthofen and Erich Loewenhardt), the plane was considered better than its German counterparts. These tests had little effect on new German design because it was impossible to copy the engine design. Instead, captured S.E. 5a's were used for combat training and tactics development.

Australia
2 Squadron AFC (previously 68 RFC). This RFC squadron was reassigned as an Australian squadron and took delivery of the new planes in December, 1918. The squadron was not successful before they received the S.E. 5a's, but once they mastered them, success came easily. Sixteen of the pilots achieved ace status and the squadron claimed 170 victories.
6 Squadron AFC. Originally flying Camels, new S.E. 5a's were delivered at the end of 1918 – too late to achieve success with them. The pilots complained loudly about the new machines but praised their dependability.

After the war, thirty-five S.E. 5a's served in the Australian air force into the 1930»s at bases in Melbourne, Spotswood and Cook.

Holland
One S.E. 5a which accidentally landed in Holland during the war remained and was assigned the identification code S.E. 214 (number RFC B4885).

Poland
Two S.E. 5a's were used in Poland. Both belonged to the Handley Page company. One was

S.E. 5a G-EBXC z firmy Savage Skywriting Co. (lato 1926). Samolot uwieczniony przed lwowskim hangarem.

S.E 5a G-EBXC belonging to Savage Skywriting Company outside a hangar in Lviv, 1926.

(W. Bączkowski via E. Kocent-Zieliński)

Współczesne egzemplarze muzealne i repliki

Latający egzemplarz muzealny S.E. 5a z Shuttleworth Collection, F-904 (ex G-EBIA, obecnie D-7000). W latach dwudziestych służył w firmie Savage Skywriting Co. i był przystosowany do pisania dymem po niebie. Współcześnie przywrócony do wersji myśliwskiej, warto zwrócić uwagę na odtworzony sposób mocowania uchwytu Fostera do płata.

An airworthy S.E. 5a from the Shuttleworth Collection, F-904 (prev. G-EBIA, now D-7000). It was used by the Savage Skywriting Co. during the 1920s as a skywriter. It has since been restored as a fighter. Noteworthy is the method used to attach the Foster mount to the wing.

(J. M. Bruce via E. Kocent-Zieliński)

rozbity został przez Antoniego Mroczkowskiego 2 lutego 1920 r. Drugi samolot po wyjeździe misji Handley Page został zmagazynowany w Polsce. Zakupiono go w krytycznej sytuacji frontowej w lipcu 1920 r. Miał być wysłany do 7 Eskadry Myśliwskiej im. Tadeusza Kościuszki. Przyprowadził go kpt. pil. Stefan Ciecierski i on rozbił go w pierwszym locie z lotniska polowego Hołoby (15 lipca 1920 r.). Tak zakończyła się kariera polskich S.E. 5a. Fałszywe są informacje, jakoby jeden z nich służył do 1926 roku.

Rosja Sowiecka

Różne publikacje podają ich liczbę na 5 do 2. Prawdopodobnie zdolny do lotu był tylko 1, nr C 6378. Była to zdobycz na wojskach ekspedycyjnych na północy Rosji. Pozostałe (prawdopodobnie w stanie niezdatnym do lotu) były zdobyczą na Denikinie, który otrzymał je w prezencie od rządu brytyjskiego. Fałszywą jest informacja, jakoby była to zdobycz na Polakach.

Współczesne egzemplarze muzealne i repliki

Pewna ilość samolotów S.E. 5a zachowała się do dziś. Są ozdobą muzeów i kolekcji. I tak w Wielkiej Brytanii znajdują się trzy egzemplarze: F-937 (dawny G-EBIC) w Nash Collection, F-938 (dawny G-EBIB) będący początkowo w Science Museum w South Kensington z nr 6 na stateczniku, a obecnie w RAF Museum w Hendon. Trzecim egzemplarzem i jedynym latającym jest F-904 (dawny G-EBIA), obecnie oznaczony D-7000. Zbudowany został, jak i pozostałe u Wolseleya, a ma go w swych zbiorach Shuttle-

crashed by Antoni Mroczkowski on February 2, 1920. The other was put into storage after Handley Page closed operations in Poland. It was later purchased during a crisis situation in July, 1920 and was supposed to be transported to 7 Fighter Squadron (im. Tadeusz Kościuszki). It was to be ferried by kpt. pil. Stefan Ciecierski who crashed it during the first flight from Holoby airfield on July 15, 1920. Any information claiming that one of the S.E. 5a's in Poland remained in service until 1926 is false.

Soviet Russia

Sources claim that from two to five S.E. 5a's were flown in Russia. It's likely that only one of them was actually airworthy – C 6378 – captured by the Soviet army in Northern Russia. The rest were captured from General Denikin, who received them as a present from the British government. Information claiming that they were captured from the Poles is false.

Contemporary replicas and museum aircraft

A certain number of S.E. 5as are surviving today. They are the jewel of museums and collections. There are three specimens in Great Britain: F-937 (formerly G-EBIC) in the Nash Collection, F-938 (formerly G-EBIB) initially at the Science Museum in South Kensigton with a number "6" on the fin, and now at the RAF Museum in Hendon. The third, and the only airborne one, is F-904 (formerly G-EBIA), now designated as D-7000. Like the others, this was built by Wolseley, and it belongs to the Shuttle-

Egzemplarze muzealne • Museum Artifacts

Samolot / Plane	Muzeum / Museum	Kraj / Country
F937	Nash Collection	Wielka Brytania / Great Britain
F938	RAF Musem Hendon	Wielka Brytania / Great Britain
F904	Schuttleworth Collection, Farnborough	Wielka Brytania / Great Britain
C9539	Australian War Memorial, Canberra	Australia / Australia
N4488 (S.E. 5e)	Lindsay Collection	USA
Samolot Wiliama C. Lamberta / Wiliam C. Lambert plane	USAF Museum	USA
numer nieznany / number unknown	South African Air Forces Museum, Johannesburg	RPA / South Africa

worth Collection. Hangaruje w RAE Farnborough, gdzie jest prezentowany na różnego rodzaju pokazach. Jak można zauważyć, wszystkie samoloty zachowane w Wielkiej Brytanii pochodzą z Savage Skywriting Co.

Australijski A2-4 (ex.C9539 z 2 AFC Sqn) wycofano ze służby w roku 1929. Znajduje się w Canberze w Australian War Memorial.

W roku 1962, znaleziono rozbity w roku 1927 (leciał na nim Sgt. Orm Denny z Cootamudra do Point Cook) A2-11. Brak informacji o jego stanie i dalszych losach.

W USA, USAAF Museum odkupiło S.E. 5E od kpt. pil. Williama C. Lamberta służącego w USAS w czasie I Wojny Światowej.(21,5 zestrzeleń). Latał on także w RFC i RAF. W zakupie pomogła Air Force Museum Foundation. Samolot ten odrestaurowano w barwach 18th Headquater Sqn z Bolling Field z 1925 roku. Eksponowany jest w Medal of Honour Gallery.

S.E. 5E, N4488 z silnikiem Wright-Martin HS miał dawniej oznaczenie G-BLXT. Był w latach 1924-25 samolotem Ch. Lindbergha. W roku 1986, po remoncie został oblatany przez Tony Bianchiego. Jest w barwach B4863 Mc Cuddena, a eksponuje go Lindsay Collection.

Dobre własności lotne samolotów S.E., są powodem chętnego budowania ich latających replik. Np., w Nowej Zelandii replikę B4863 zbudował Stuart Tantrum (1978 silnik Lycoming oznaczenie ZK-SET).

W USA firma założona przez Boba Zilinsky, buduje ULM-S.E. 5a w skali 0,85 sprzedając w cenie 6995,00 USD.

Również chętnie budowane są modele tego samolotu. Układ płatowca sprawia że doskonale latają, a firma Simprop Electronics oferuje zestaw modelu zdalnie sterowanego. Istnieje ponadto wiele modeli plastykowych i kartonowych samolotów S.E. różnych producentów.

Malowanie i oznakowanie

W lotnictwie brytyjskim (RFC-RAF) obowiązywał w latach 1916-1918 bardzo prosty schemat malowania samolotów. Mianowicie powierzchnie dolne płatów i usterzenia pozostawały w kolorze cellonowanego płótna, a powierzchnie górne i boczne były malowane regu-

worth Collection. It is stored in a hangar at the RAE Farnborough, where it can be seen at various shows. As can be noted, all the surviving machines in Great Britain used to be owned by Savage Skywriting Co.

Australia's A2-4 (former C9539 of 2 AFC Sqn.) was withdrawn from service in 1929. It is now in Canberra, at the Australian War Memorial. A2-11, crashed in 1927, was found in 1962 (it had been flown by Sgt. Pil. Orm Denny from Cootamudra to Point Cook). Data on its state and fate are unavailable.

In the USA, the USAAF Museum bought a S.E. 5E from Cap. Pil. William C. Lambert, who served in the USAS during WW1 (21.5 victories). He also used to fly with the RFC and RAF. The purchase was aided by the Air Force Museum Foundation. This aircraft was restored in the year-1925 colors of 18 HQ Sqn from Bolling Field. It is exhibited at the Medal of Honor Gallery.

S.E. 5E N4488 with a Wright-Martin HS engine used to be designated G-BLXT. In 1924-25

Latający egzemplarz muzealny S.E. 5a z Shuttleworth Collection, F-904 (ex G-EBIA, obecnie D-7000).

Again, F-904 from the Shuttleworth Collection.

(J. M. Bruce via E. Kocent-Zieliński)

Zakończenie

Latający dziś S.E. 5a z Shuttleworth Collection. Rzadko widoczne na zdjęciach szczegóły okapotowania silnika, chłodnicy i uzbrojenia.

A contemporary photo of an S.E. 5a from the Shuttleworth Collection with an unusual view of the engine cowling, radiators and armament.

(J. M. Bruce via E. Kocent-Zieliński)

twa. Odwrotnie, niewielu lotników niemieckich mogło zapisać na swe konto zestrzelenia samolotów S.E. Sam Manfred von Richthofen – „czerwony baron" miał ich trzy, Löwenhardt też trzy, Willy Reinhardt jedno, Kurt Wusthoff dwa. Całkowita ilość zniszczonych S.E. w walkach zamknęła się liczbą 235 sztuk przy o 100 sztuk większej liczbie Cameli.

W nawiązaniu do powyższego, to właśnie I Wojna Światowa utworzyła typ „asa lotnictwa" tj. pilota myśliwskiego szczycącego się możliwie największą liczbą zestrzelonych samolotów

One of the Polish machines had no markings, keeping the original British finish. The other one, from 7 Eskadra Mysliwska, flown by Kpt. Pil. S. Ciecierski, probably wore a camouflage of a random pattern with Polish characters. This pattern could not be rendered exactly, since it has been difficult to copy from the surviving black-and-white and obscure photographs, the most important of which shows signs of additions and retouching. Therefore the "Polish" color profile should be regarded only an approximation.

Contemporary replicas and museum aircraft

Egzemplarze muzealne • Museum Artifacts

Samolot / Plane	Muzeum / Museum	Kraj / Country
F937	Nash Collection	Wielka Brytania / Great Britain
F938	RAF Musem Hendon	Wielka Brytania / Great Britain
F904	Schuttleworth Collection, Farnborough	Wielka Brytania / Great Britain
C9539	Australian War Memorial, Canberra	Australia / Australia
N4488 (S.E. 5e)	Lindsay Collection	USA
Samolot Wiliama C. Lamberta / Wiliam C. Lambert plane	USAF Museum	USA
numer nieznany / number unknown	South African Air Forces Museum, Johannesburg	RPA / South Africa

worth Collection. Hangaruje w RAE Farnborough, gdzie jest prezentowany na różnego rodzaju pokazach. Jak można zauważyć, wszystkie samoloty zachowane w Wielkiej Brytanii pochodzą z Savage Skywriting Co.

Australijski A2-4 (ex.C9539 z 2 AFC Sqn) wycofano ze służby w roku 1929. Znajduje się w Canberze w Australian War Memorial.

W roku 1962, znaleziono rozbity w roku 1927 (leciał na nim Sgt. Orm Denny z Cootamudra do Point Cook) A2-11. Brak informacji o jego stanie i dalszych losach.

W USA, USAAF Museum odkupiło S.E. 5E od kpt. pil. Williama C. Lamberta służącego w USAS w czasie I Wojny Światowej.(21,5 zestrzeleń). Latał on także w RFC i RAF. W zakupie pomogła Air Force Museum Foundation. Samolot ten odrestaurowano w barwach 18th Headquater Sqn z Bolling Field z 1925 roku. Eksponowany jest w Medal of Honour Gallery.

S.E. 5E, N4488 z silnikiem Wright-Martin HS miał dawniej oznaczenie G-BLXT. Był w latach 1924-25 samolotem Ch. Lindbergha. W roku 1986, po remoncie został oblatany przez Tony Bianchiego. Jest w barwach B4863 Mc Cuddena, a eksponuje go Lindsay Collection.

Dobre własności lotne samolotów S.E., są powodem chętnego budowania ich latających replik. Np., w Nowej Zelandii replikę B4863 zbudował Stuart Tantrum (1978 silnik Lycoming oznaczenie ZK-SET).

W USA firma założona przez Boba Zilinsky, buduje ULM-S.E. 5a w skali 0,85 sprzedając w cenie 6995,00 USD.

Również chętnie budowane są modele tego samolotu. Układ płatowca sprawia że doskonale latają, a firma Simprop Electronics oferuje zestaw modelu zdalnie sterowanego. Istnieje ponadto wiele modeli plastykowych i kartonowych samolotów S.E. różnych producentów.

Malowanie i oznakowanie

W lotnictwie brytyjskim (RFC-RAF) obowiązywał w latach 1916-1918 bardzo prosty schemat malowania samolotów. Mianowicie powierzchnie dolne płatów i usterzenia pozostawały w kolorze cellonowanego płótna, a powierzchnie górne i boczne były malowane regu-

worth Collection. It is stored in a hangar at the RAE Farnborough, where it can be seen at various shows. As can be noted, all the surviving machines in Great Britain used to be owned by Savage Skywriting Co.

Australia's A2-4 (former C9539 of 2 AFC Sqn.) was withdrawn from service in 1929. It is now in Canberra, at the Australian War Memorial. A2-11, crashed in 1927, was found in 1962 (it had been flown by Sgt. Pil. Orm Denny from Cootamudra to Point Cook). Data on its state and fate are unavailable.

In the USA, the USAAF Museum bought a S.E. 5E from Cap. Pil. William C. Lambert, who served in the USAS during WW1 (21.5 victories). He also used to fly with the RFC and RAF. The purchase was aided by the Air Force Museum Foundation. This aircraft was restored in the year-1925 colors of 18 HQ Sqn from Bolling Field. It is exhibited at the Medal of Honor Gallery.

S.E. 5E N4488 with a Wright-Martin HS engine used to be designated G-BLXT. In 1924-25

Latający egzemplarz muzealny S.E. 5a z Shuttleworth Collection, F-904 (ex G-EBIA, obecnie D-7000).

Again, F-904 from the Shuttleworth Collection.

(J. M. Bruce via E. Kocent-Zieliński)

Malowanie i oznakowanie

S.E. 5a z Shuttleworth Collection, F-904 (ex G-EBIA, obecnie D-7000).

Another view of F-904 from the Shuttleworth Collection.

(J. M. Bruce via E. Kocent-Zieliński)

laminowym kolorem PC-10, tłumaczonym jako: Protective colour warnish (werniks barwy ochronnej) albo Pigmented celulose czyli barwiony cellon. Lakier ten składał się z mieszaniny kolorów: żółtego, czerwonej ochry, umbry i błękitu chińskiego. W efekcie otrzymywano brąz z odcieniem zielonkawym.

Na samoloty służące w tropiku, stosowano lakier PC-12 (w RNAS i RFC). Różnił się on większą zawartością ochry czerwonej, w wyniku czego otrzymywano brąz w odcieniu czekoladowym. Jednakże często lakiery te miewały różne odcienie, wzajemnie się przenikające. Było to skutkiem stosowania pigmentów zastępczych przez różnych producentów. I od tego właśnie było zależne ubarwienie samolotów. Nigdy wszakże samoloty z tego okresu, co sugerują niektóre publikacje, nie były malowane kolorem khaki.

Dowództwo lotnictwa brytyjskiego odnosiło się bardzo niechętnie do malowań indywidualnych. Dywizjony miały proste znaki szczególne na kadłubach i różne kolory dysków kół. Samoloty kluczy wyróżniały litery. Pewien wyjątek stanowiły dywizjony obrony powietrznej kraju (Home Defence) i jednostki szkolne, gdzie czasem dawano upust fantazji w osobliwych wzorach malowania.

W samolotach seryjnych, stosowano niekiedy kolejne numery produkcyjne lub ich końcowe fragmenty malowane pod przednią częścią kolektora wydechowego.(np. III seria).

Była pewna ilość samolotów „fundowanych". Miały one napisy z nazwami fundatorów jak np.: F-9029 – napis „Adis Ababa, Branch Overseas Club and Patriotic League"; D-6933 – „Newport Fife No4" (85 Sqn Lt. Rorison); C-6453 – „Liverpool No2 Newfoundland"; F-5558 – „The Osterley Ace No11"; D-6940 – „Parish on Inch No2" (25 Sqn AFC); Oznaczenia te dotyczyły jedynie samolotów i pilotów nie pochodzących z Wielkiej Brytanii.

Samoloty RAAF malowano na kolor srebrny, a kanadyjskie używane do celów szkolnych mia-

it was owned by Ch. Lindbergh. After a restoration in 1986 it was flown by Tony Bianchi. It wears the colors of Mc Cudden's B4863 and is exhibited in the Lindsay Collection.

Good flying characteristics account for the popularity of building their flying replicas. Eg. a B4863 replica was built in New Zealand by Stuart Tantrum (1978, Lycoming engine, designation ZK-SET).

In the USA, a company founded by Bob Zilinsky builds ULM-S.E. 5.a's in a 0.85 scale, sold at $6995.00.

Models of this aircraft are just as popular. The layout of the bi-plane makes them fly excellently. Simprop Electronics even offers a remotely controlled model kit. There exist many plastic and cardboard models of the S.E. offered by various manufacturers.

Painting and marking

The British air forces (RFC, RAF) in 1916-1918 employed a very simple pattern of painting aircraft. Wing and tailplane undersurfaces retained the color of the fabric, while upper and side surfaces were painted PC-10 as per orders, the contraction standing for "protective colour varnish" or "pigmented cellulose". The lacquer was composed of a mixture of yellow, red ocher, umber and Chinese blue. This resulted in a greenish brown.

PC-12 was used on aircraft used in tropical areas (by the RNAS and RFC). It differed in having a greater percentage of red ocher, which resulted in a chocolate hue. But these varnishes were often in various intermixed shades. This occurred because of various manufacturers using surrogate pigments and influenced the exact colors of aircraft. However, contrary to what some publications claim, the aircraft of that period were never painted khaki.

The British air force authorities looked very unfavorably on individual painting pat-

ły znaki rejestracyjne na tle białych prostokątów, natomiast samoloty S.E. 5 używane w USA w latach powojennych były malowane według wzorów zatwierdzonych dla amerykańskiego lotnictwa wojskowego.

Holenderski S.E. 214 miał oryginalne malowanie brytyjskie i holenderskie znaki rozpoznawcze.

Na radzieckich S.E. zamalowane były tylko znaki brytyjskie i zastąpione czerwonymi gwiazdami w białym polu.

Spośród egzemplarzy polskich jeden był bez znaków, w oryginalnym malowaniu brytyjskim. Drugi, ten z 7 Esk. Myśliwskiej, na którym latał kpt. pil. S. Ciecierski pomalowano prawdopodobnie stosując malowanie kamuflażowe o przypadkowym układzie z polskimi znakami. Malowania tego nie można odtworzyć dokładnie, gdyż trudno wnioskować z zachowanych, czarno-białych i mało wyraźnych fotografii, z których zasadnicza ma wyraźne ślady domalowań i retuszu. Dlatego też „polską" sylwetkę barwną należy traktować jako przybliżoną.

Zakończenie

Liczne zwycięstwa odniesione na samolotach S.E. 5, 5a świadczą o dobrych cechach jego konstrukcji. W walkach z tymi maszynami zginęli m.in. Oberleutnant Erich Löwenhardt (56 zestrzeleń), Leutnant Werner Voss (48 zestrzeleń), zaliczający się do asów cesarskiego lotnic-

terns. The Squadrons had simple markings on fuselages and different colors of wheel discs. Flight aircraft were distinguished by letters. An exception was Home Defence squadrons and training units, where painters were sometimes able to show creativity in peculiar painting patterns.

Production-run aircraft sometimes had the consecutive serial numbers or their final characters painted below the front portion of the exhaust manifold (eg. third batch).

There were a number of "sponsored" aircraft. These carried the name of the sponsor: F-9029 – inscription "Adis Ababa, Branch Overseas Club and Patriotic League"; D-6933 – "Newport Fife No. 4" (85 Sqn, Lt. Rorison); C-6453 – "Liverpool No. 2, Newfoundland"; F-5558 – "The Osterley Ace No. 11"; D-6940 – "Parish on Inch No. 2" (25 Sqn. AFC); These markings concerned only the aircraft anf pilots who did not come from Great Britain.

RAAF aircraft were painted silver, while Canadian training machines carried license characters on a background of white rectangles. The S.E. 5s used in the USA after the war were painted according to the patterns approved for the US air forces.

The Dutch S.E. 214 had the original British finish and Dutch identification characters.

The Soviet S.E.s had only the British markings painted over and replaced by red stars on a white background.

S.E. 5a a silnikiem Wolseley Viper, zachowany w zbiorach Muzeum RAF w Hendon, na plenerowej wystawie po II wojnie światowej. W tle widoczny Camel z tej samej kolekcji.

A S.E. 5a with a Wolseley Viper engine from the RAF museum at Hendon on display after in the late 1940s. In the background is a Camel from the same collection.

(J. M. Bruce via E. Kocent-Zieliński)

Zakończenie

Latający dziś S.E. 5a z Shuttleworth Collection. Rzadko widoczne na zdjęciach szczegóły okapotowania silnika, chłodnicy i uzbrojenia.

A contemporary photo of an S.E. 5a from the Shuttleworth Collection with an unusual view of the engine cowling, radiators and armament.

(J. M. Bruce via E. Kocent-Zieliński)

twa. Odwrotnie, niewielu lotników niemieckich mogło zapisać na swe konto zestrzelenia samolotów S.E. Sam Manfred von Richthofen – „czerwony baron" miał ich trzy, Löwenhardt też trzy, Willy Reinhardt jedno, Kurt Wusthoff dwa. Całkowita ilość zniszczonych S.E. w walkach zamknęła się liczbą 235 sztuk przy o 100 sztuk większej liczbie Cameli.

W nawiązaniu do powyższego, to właśnie I Wojna Światowa utworzyła typ „asa lotnictwa" tj. pilota myśliwskiego szczycącego się możliwie największą liczbą zestrzelonych samolotów

One of the Polish machines had no markings, keeping the original British finish. The other one, from 7 Eskadra Mysliwska, flown by Kpt. Pil. S. Ciecierski, probably wore a camouflage of a random pattern with Polish characters. This pattern could not be rendered exactly, since it has been difficult to copy from the surviving black-and-white and obscure photographs, the most important of which shows signs of additions and retouching. Therefore the "Polish" color profile should be regarded only an approximation.

nieprzyjacielskich. Piloci ci cieszyli się wielkim szacunkiem i podziwem, tak kolegów jak i cywilów zbierając przy tym zaszczyty, odznaczenia i przywileje. Nie było w tym nic dziwnego w czasie, który opisuje Cecil Lewis w sposób następujący: „....Przecież spędziłem osiem miesięcy we Francji, w tym cztery miesiące bitwy nad Somma, miałem za sobą 350 godzin lotu... i żyłem. W roku 1916 piloci średnio „trwali" trzy tygodnie..."

Osobowości „asów" były różne; od postawy bardzo skromnej do wytwarzania wokół siebie atmosfery sławy i bohaterstwa. Przykładami niech staną się np. dwaj piloci z tego kręgu, o których wspomniano wyżej, a mianowicie kapitan Albert Ball latający wówczas w 56 Sqn i kpt. Mc Cudden.

O kapitanie Ballu Cecil Lewis w swej książce „Sagittarius Rising" napisał: „....Ball był małym, cichym i spokojnym człowieczkiem. Odpoczywał grając na skrzypcach – jego ulubionym popisowym kawałkiem było spacerowanie wieczorem w piżamie dookoła baraku, grając na skrzypcach w świetle umyślnie zapalonego czerwonego ognia bengalskiego. Z nadzwyczajnym staraniem opiekował się samolotami, karabinami maszynowymi i amunicją. Nie latał nigdy dla przyjemności. Leciał jedynie i wyłącznie na patrole zaczepne lub też wtedy, kiedy chciał

Epilog

The numerous victories achieved on the S.E. 5/5a confirm the good features of the construction. Oberleutnant Erich Loewenhardt (56 victories), Leutnant Werner Voss (48 victories), both being aces of the imperial air force, were killed fighting these machines. By contrast, few German pilots scored S.E.s. Manfred von Richthoffen himself – the "Red Baron" – did 3, Loewenhardt also 3, Willy Reinhardt 1, Kurt Wusthoff 2. The total number of S.E.s destroyed in combat was 235, with 100 more Camels.

In connection with the above, it was WW1 that created what was known as an "ace", i.e. a fighter pilot who could bask in a possibly greatest number of shot-down enemy aircraft. Those pilots were highly respected and admired by both their comrades and civilians, receiving honors, decorations and privileges. It was nothing unusual in the period described by Cecil Lewis with the following words: "Eight months overseas, four months of the Somme battle, three hundred and fifty hours in the air, and still alive! Pilots, in 1916, were lasting, on an average, for three weeks."

"Ace" personalities were varied, from a very modest attitude to an air of fame and heroism. Let us take two pilots of this circle for example,

Ten sam egzemplarz w locie nad jego następcami z RAF z lat sześćdziesiątych i siedemdziesiątych XX w. (BAC Lightning i Hawker Hunter).

The same plane in flight over its RAF replacements from the 1960s and 70s (BAC Lightning and Hawker Hunter).

(J. M. Bruce via E. Kocent-Zieliński)

Zakończenie

(J. M. Bruce via E. Kocent-Zieliński)

Muzealny egzemplarz S.E. 5a.

An S.E. 5a on display in a museum.

wstrzeliwać karabiny maszynowe lub regulować silniki. Nie krytykował nigdy i nigdy się nie chwalił..."

Zupełnie inną postacią był natomiast Mc Cudden przedstawiony przez W. Faulknera w „Przypowieści". Autor cytuje w niej następujące wspomnienie swego bohatera:

„...Przypomniał sobie ten jeden jedyny wypadek, kiedy razem z kolegami oblewali oficerskie gwiazdki i złożywszy się poszli do „Savoyu" i wszedł Mc Cudden, który akurat dostał jakieś nowe wstążeczki czy strącił jakichś nowych boszów, zresztą prawdopodobnie, a właściwie na pewno i jedno i drugie, i stał się on przedmiotem owacji nie mężczyzn, tylko kobiet, i oni wszyscy trzej przyglądali się, jak kobiety piękniejsze od aniołów i równie niezliczone jak aniołowie rzucały się jak żywe bukiety do stóp bohatera..."

Oczywiście nie wszyscy piloci latający na samolotach S.E. byli asami, ale jak wynika ze wspomnień kpt. Karla Bodenschatza, adiutanta von Richthofena zamieszczonych w jego książce pt. „Jagd in Flanders Himmel", Niemcy bardzo się tych samolotów obawiali uważając je za najgroźniejszego przeciwnika zdecydowanie górującego technicznie. Dotyczyło to zwłaszcza wspomnianej w tekście odmiany z silnikami 200 KM. To o niej właśnie Bodenschatz pisał:

„...Od jakiegoś czasu nieprzyjaciel używa wersję S.E. z silnikiem Hispano-Suiza o mocy 200KM. Są to samoloty o bardzo dużej prędko-

both mentioned earlier – Cap. Albert Ball, then flying with 56 Sqn., and Cap. Mc Cudden. Cecil Lewis wrote about Ball in his "Sagittarius Rising": "Ball was a quiet, simple little man. His one relaxation was the violin, and his favourite afterdinner amusement to light a red magnesium flare outside his hut and walk round it in his pyjamas, fiddling! He was meticulous in the care of his machines, guns, and in the examination of his ammunition. He never flew for amusement. The only trips he took, apart from offensive patrols, were the minimum requisite to test hist engines or fire at the ground target sighting his guns. He never boasted or criticized (...)".

Now, Mc Cudden was a totally different person, as shown by W. Faulkner in the "Fable". The author describes a situation where Mc Cudden entered a bar, having just received new decorations or shot down some new enemies, or actually certainly both, and became the object of admiration not to men but women, who, more beautiful than angels and just as numerous, got down on their knees before him.

Obviously, not all S.E. pilots were aces, but as is seen in the memories of Cap. Karl Bodenschatz, adjutant to von Richthoffen, described in his book "Jagd in Flanders Himmel", Germans were very much afraid of these aircraft, considering them the most dangerous and technically superior opponent. This was especially true of the earlier mentioned version with a 200 HP engine. Bodenschatz wrote:

ści poziomej i wznoszenia...myśliwiec ten jest bardzo niebezpieczny, dorównuje Albatrosowi a na większym pułapie nawet go przewyższa. Atakuje najczęściej od tyłu..."

Trwałość konstrukcji sprawiła, że samolot S.E. 5a używany był w lotnictwie wojskowym i cywilnym przez kilka lat powojennych, a jego popularność wykreowała go na bohatera licznych filmów lotniczych. Można tu wymienić np. tytuły: „Wings" Wellmanna z roku 1926 (pierwszy Oscar w dziejach filmu), „Hell Angels" H.Hughesa z roku 1930 i oglądany u nas „Aces High" (tyt. polski „Asy przestworzy") reż. J. Golda (produkcja z roku 1976) oparty o książkę Cecila Lewisa „Sagittarius Rising" i sztukę „Journeys End" R.C. Sheriffa. Grał w nim rolę pilota wybitny aktor polskiego pochodzenia John Gielgud. Tak się zresztą jakoś składa, że we wszystkich praktycznie filmach, w których są sceny lotnicze z I Wojny Światowej występują samoloty S.E. w postaciach replik, makiet czy modeli. Nawet w filmach dość „fantazyjnych" typu „Gunbus", „Przygody Arsena Lupina" czy „As nad asy".

S.E. 5 trafił również do literatury. Wspominali go przede wszystkim byli lotnicy-pisarze, między którymi byli: wspomniany wyżej W. Faulkner – pilot in spe 1 Sqn kanadyjskiego w opowiadaniach „All the dead pilots", „Soldiers Pay", „A Fable", L.W. Sutherland w „Aces and Kings", Duncan Grimel Milne w „Wind in the Wires", Oliver Steward w „Clouds remember", E. Hemingway w „Słońce też wschodzi" czy wymieniany już kpt. K. Bodenschatz w „Jagd in Flander Himmel" i inni. Bardzo wiele informacji o tym samolocie tkwi w pamiętniku Cecila Lewisa „Sagittarius Rising". Są to wspomnienia i opisy dość istotne i sugestywne i dlatego cytaty z nich zostały użyte przez autorów niniejszego opracowania.

„(...) For some time the enemy has been using an S.E. with a Hispano-Suiza engine rated at 200 HP. These are aircraft of a very high level speed and rate of climb (...) this fighter is very dangerous, being equal to the Albatros, and even superior at a higher altitude. Most often, it attacks from astern (...)"

The durability of the construction caused the S.E. 5a to be used in air forces and civilian aviation for several post-war years, and its popularity made it the hero of numerous motion pictures. Examples are: "Wings" by Wellmann, 1926 (the first Oscar in the history of the cinema); "Hell Angels" by H. Hughes, 1930; "Aces High" dir. by J. Gold, 1976, based on Cecil Lewis' "Sagittarius Rising"; and the play "Journey's End" by R. C. Sheriff, with a famous actor of Polish descent, John Gielgud, appearing in the role of a pilot. It so happens that actually all the movies showing WW1 air scenes employ S.E. replicas, mock-ups or models. Even rather "fantastical" movies like the "Gunbus", "Arsen Lupin" or "Ace of aces" do so.

The S.E. 5 made its way to literature. It was usually in reminiscences of pilot-writers, such as: the above-mentioned W. Faulkner – a would-be pilot of the Canadian 1 Sqn. ("All the dead pilots", "Soldier's Pay", "A Fable"), L. W. Sutherland ("Aces and Kings"), Duncan Grimel Milne ("Wind in the Wires"), Oliver Steward ("Clouds remember"), E. Hemingway ("Sun Also Rises"), or the already mentioned Cap. K. Bodenschatz ("Jagd in Flander Himmel") and others. Very much information about this aircraft is contained in Cecil Lewis' memories – the "Sagittarius Rising". These are quite important and eloquent descriptions – therefore they have been quoted by the authors of the present work.

Samoloty S.E. 5a w rękach najlepszych pilotów • S.E. 5a flown by aces

Pilot / Pilot	Numer maszyny / No. of machine	Dywizjon / Squadron	Zestrzelenia / Kills
Andrew Beauchamp Proctor (ogółem 54 zwycięstwa / 54 kills in total)	C1794	84	28 (09.1917–03.1918)
	D6856	84	26 (03.1918-8.10.1918)
James McCudden (ogółem 57 zwycięstw / 57 kills in total)	B4863	56	51 (04.1917–9.07.1918)
	B4891		
Wiliam Bishop (ogółem 72 zwycięstwa / 72 kills in total)	A8936	60	10 (28.07.1917–16.08.1917)
	C6490	85	11 (27.05.1918–4.06.1918)
	C1904	85	14 (15.06.1918–19.06.1918)
Edward Mannock (ogółem 73 zwycięstwa / 73 kills in total)	E1294	74	36 (02.1918–07.1918)
	E1295		
	D276	85	8 (3,07.1918–26.07.1918)
George H. McElroy (44–47 zwycięstw / 44–47 kills)	C1098 (i inne / and others)	24	16
		40	28 (–31.07.1918)
Albert Ball (ogółem 44 zwycięstwa / 44 kills in total)	A4850	56	6 (23.04.1917–2.05.1917)
	A8898	56	5 (1.05.1917–6.05.1917)
Roderic Dallas (przypisuje mu się od 51 do 32 zwycięstw / he is credited with 51–32 kills)	C4879	40	1 (11.04.1918)
	B178	40	1 (12.04.1918 r.)
	D3511	40	5 (2.05.1918–22.05.1918)
	D3520	40	2 (27.0-5.1918)

Dane wersji podstawowych • Data of the basic versions

Typ / Type	II prototyp / II prototype	S.E. 5 wczesno-seryjny / S.E. 5 early production series	S.E. 5 mody-fikowany / Modified S.E. 5	S.E 5a wczesno-seryjny / S.E 5a early production series	S.E 5a środkowo-seryjny / S.E 5a mid production series	S.E. 5a późny / Late S.E. 5a	S.E. 5b	Curtiss S.E. 5a
Silnik / Engine								
typ / type	Hispano Suiza	Hispano Suiza	Hispano Suiza	Hispano Suiza	Hispano Suiza	Wolseley Viper	Hispano Suiza	Wright Martin
moc [KM]/ power [HP]	150	150	150	150	180 (200)	200 (220)	200	180
Masy / Weight [kg]								
– własna / net	581	636	635	635	635 (718)	635 (680)	–	720
– całkowita / total	830	851	850	878	880 (929)	880 (923)	–	935
Wymiary / Dimensions								
– rozpiętość / span [cm]	849,11	849,11	812	812	812	812	1111,5	820
– długość / length [cm]	637,54	637,54	637,54	637,54	637,54	637,54	645 (?)	637,54
– wysokość / height [cm]	289,56	289,56	289,56	289,56	289,56	289,56	280 (?)	289,56
– powierzchnia nośna / lifting surface [m²]	23	23	22,66	22,66	22,66	22,66	–	22,7
Prędkość maksymalna / Maximum speed Czas wznoszenia / Climbing time na wysokości / at altitude								
0 m	206,7	206	202				–	196
1000 m	203	200	200	196			–	–
2000 m	196 / 7'05"	196 / 8'	196 / 8'	191	202 (212)	202 (212)	–	–
3000 m	182 / 12'25"	186 / 14'15"	186 / 14'20"	183 / 14'15"	195 (202) / 13'06"	213 (220) / 12' (11')	220 / 20' (?)	188 / 13'
4500 m	145 / 30'30"	156 / 29'	187 / 29'	186 / 29'30"	186 (200) / 27'35"	190 / 26' (19'55")		
Pułap / Ceiling [m]	7015	7000	6700	6700	5185 (5795)	6710	–	–
Czas lotu / Time of flight [h]	–	3	3	2,5	2,5 (2,05)	2,5 (2)	2,5	–
Zasięg / Range [km]	–	400	400	350	350	350	–	–

(?) – Dane niepewne / Not confirmed data

Uwaga! Ze względu na różnice w systemie calowym i metrycznym niektóre dane zostały zaokrąglone do pół jednostki.
Notice! Considering differences between inch and meter systems some data have been made even by a half of unit.

Bibliografia • Bibliography

Awiacija Grażdanskoj Wojny, Moskwa 2001.
Bruce Jack M., *RAF S.E. 5a, Windsock Datafile Special*, London 1993.
Connors John F., Wornkey Kevin, *S.E. 5a in Action*, Squadron Signal Pub 1985
Cooksley Peter G., *The RFC/RNAS Handbook 1914-1918*, London 2000.
Cutlack F. M., *The Australian Flying Corps in the Western and Eastern Theatres of War 1914-1918*, Melbourne 1985
Kopański Tomasz J., *Samoloty brytyjskie w lotnictwie polskim 1918-1930*, Warszawa 2001.
Morgała A., *Samoloty wojskowe w Polsce 1918-1924*, Warszawa 1997.
Nemecek Vaclav, *Vojenska Letadla, t. 1. Letadla prvni svetove valky*, Praha 1986.
Shores Christopher, Franks Norman, Guest Russell, *Above the Trenches. A Complete Record of the Fighter Aces and Units of the British Empire Air Forces, 1915-1920*, London 1991
Shores Christopher, Franks Norman, Guest Russell, *Above the Trenches Supplement*, London 1996.
Kocent Zieliński Edward, *Samolot myśliwski S.E. 5, S.E. 5a. Historia konstrukcji i służby*, Model Hobby nr 8 i 10, 2001.
Over the Front, 1986
Cross and Cockades, 2000-2004

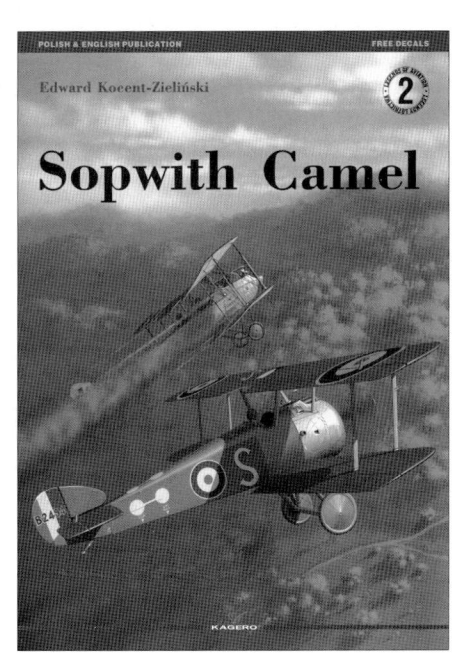

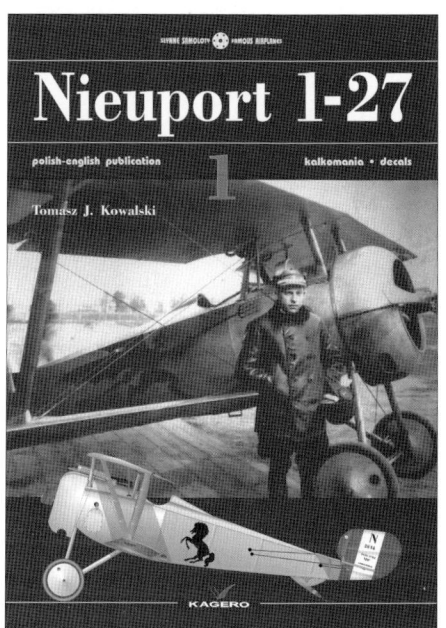

ZAPRASZAMY DO WSPÓŁPRACY

Firmy zainteresowane dystrybucją naszych publikacji

Gwarantujemy najlepsze książki dla modelarzy, konkurencyjne ceny, szybkie dostawy, najwyższy standard współpracy.

WE INVITE FOR CO-OPERATION

Distributors of our books

We warrant the best books for modelers, competitive prices, fast deliveries, highest standards of partnership.

Oficyna Wydawnicza KAGERO
Marketing Department
ul. Mełgiewska 7-9 • 20-952 Lublin
Poland
tel: +48 81 749 11 81
mob.: +48 601 401 157
www.kagero.pl

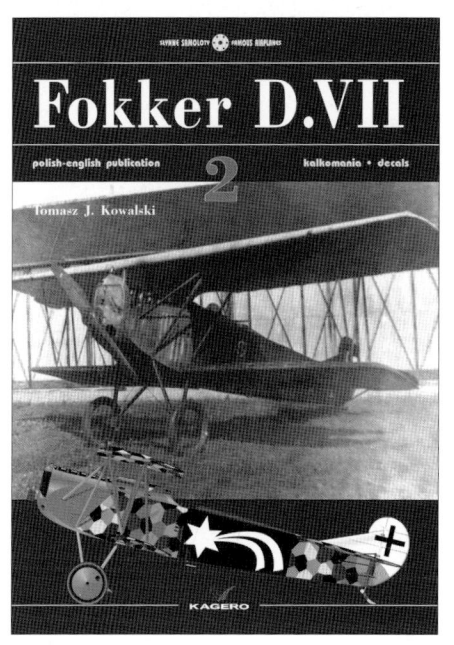

www.kagero.pl

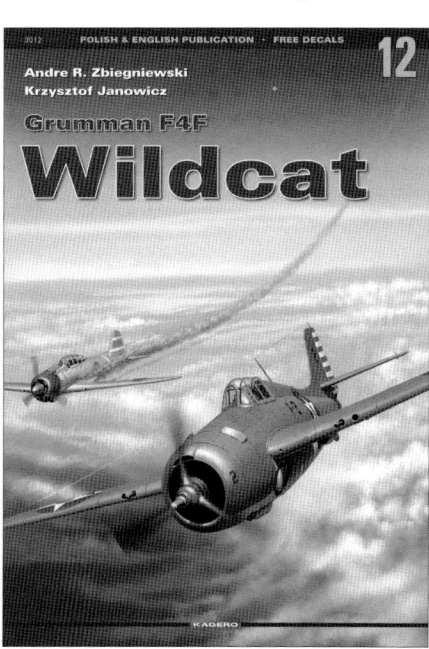

Scouting Experimental: S.E. 5

Arkusz 01 / Sheet 01

Skala/scale 1/48

- S.E. 5, widok z boku
- S.E. 5, side view

- S.E. 5 późnej serii produkcyjnej, fragment w widoku z przodu
- Late production S.E. 5, part of front view

- S.E. 5 późnej serii produkcyjnej, widok z boku
- Late production S.E. 5, side view

- S.E. 5, widok z boku
- S.E. 5, side view

Skala/scale: 1/48

Opracowanie i rysunki: © Maciej Noszczak 2005

KAGERO

Scouting Experimental; S.E. 5

Skala/scale 1/48

Arkusz 02
Sheet 02

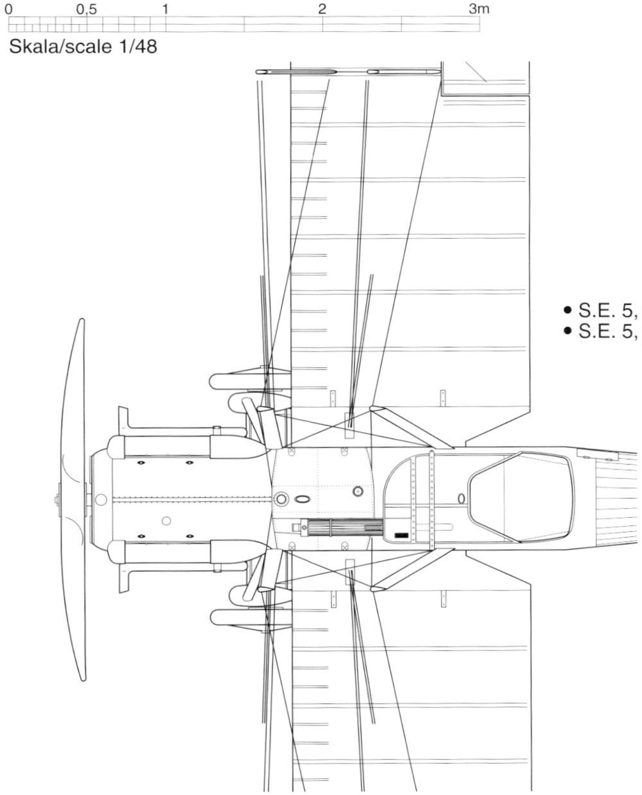

• S.E. 5, fragment w widoku z góry
• S.E. 5, part of top view

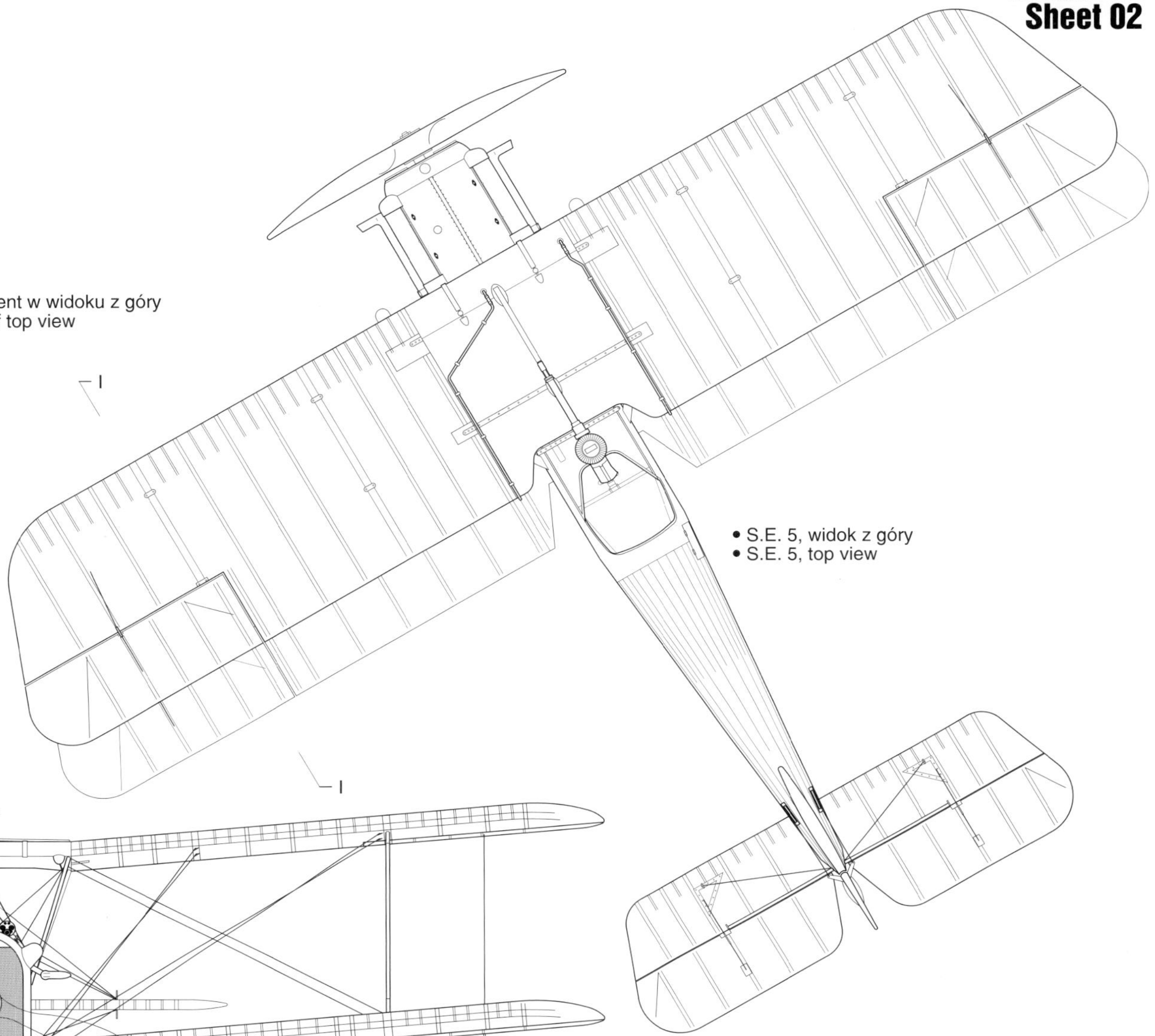

• S.E. 5, widok z góry
• S.E. 5, top view

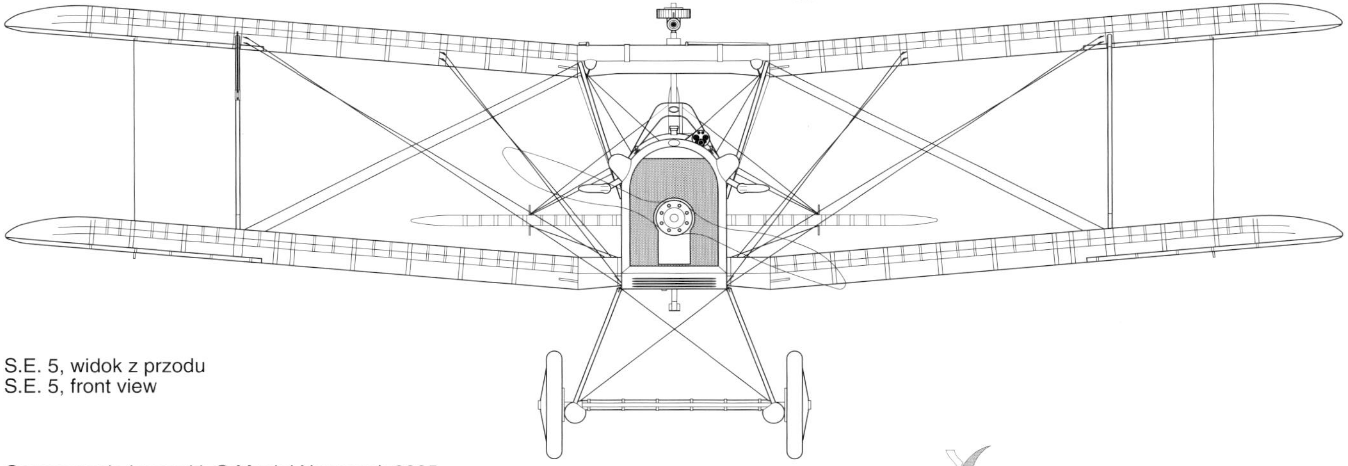

• S.E. 5, widok z przodu
• S.E. 5, front view

KAGERO

Skala/scale: 1/48

Scouting Experimental; S.E. 5a

Arkusz 03 / Sheet 03

Skala/scale 1/48

- S.E. 5a pierwszej serii, widok z boku
- First productin series of S.E. 5a, side view

A-A, B-B, C-C, D-D, E-E, F-F, G-G, H-H

Skala/scale: 1/48

Opracowanie i rysunki: © Maciej Noszczak 2005

KAGERO

Arkusz 04 / Sheet 04

Scouting Experimental; S.E. 5a

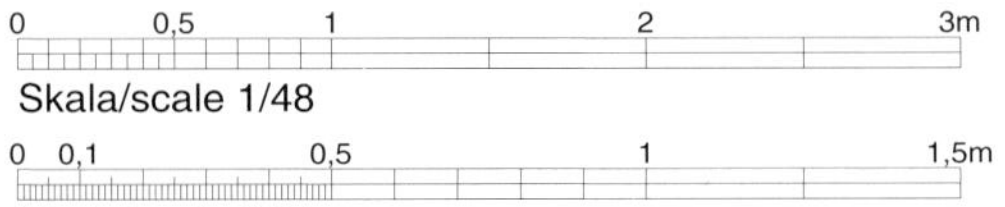

Skala/scale 1/48
Skala/scale 1/24

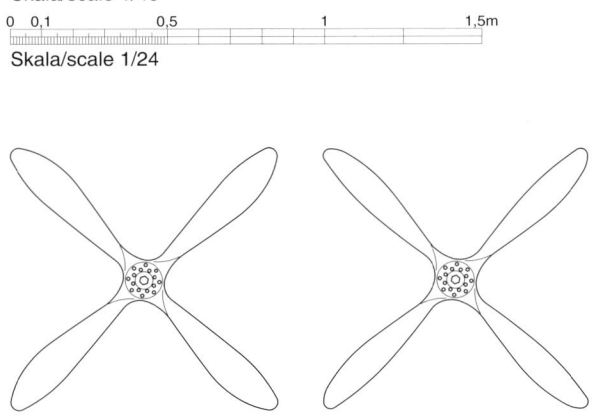

- Drewniane śmigło T. 28096
- Wooden T.28096 propeller

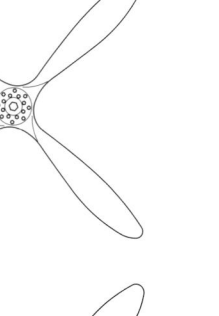

- Drewniane śmigło T. 28097
- Wooden T.28096 propeller

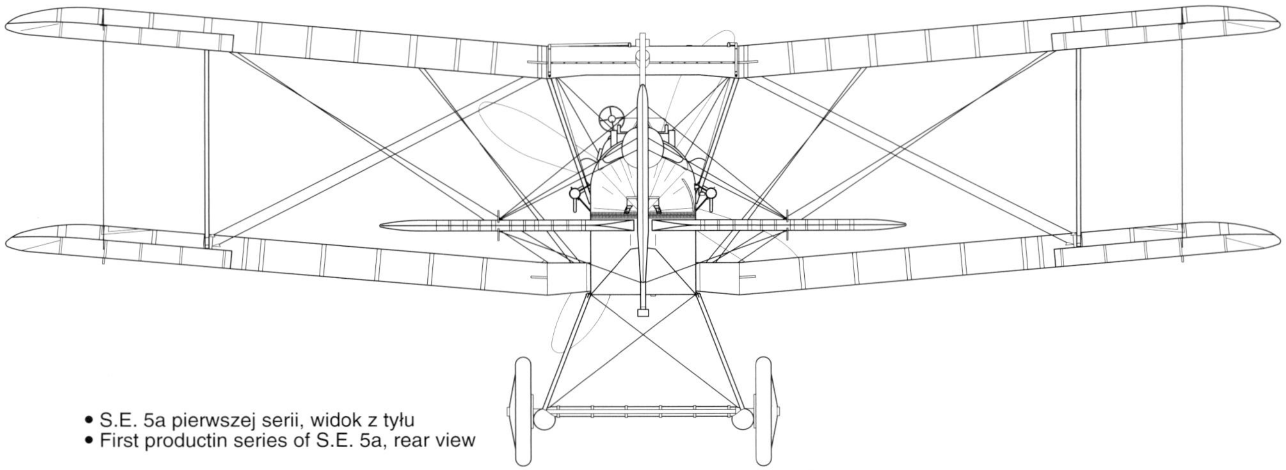

- S.E. 5a pierwszej serii, widok z tyłu
- First productin series of S.E. 5a, rear view

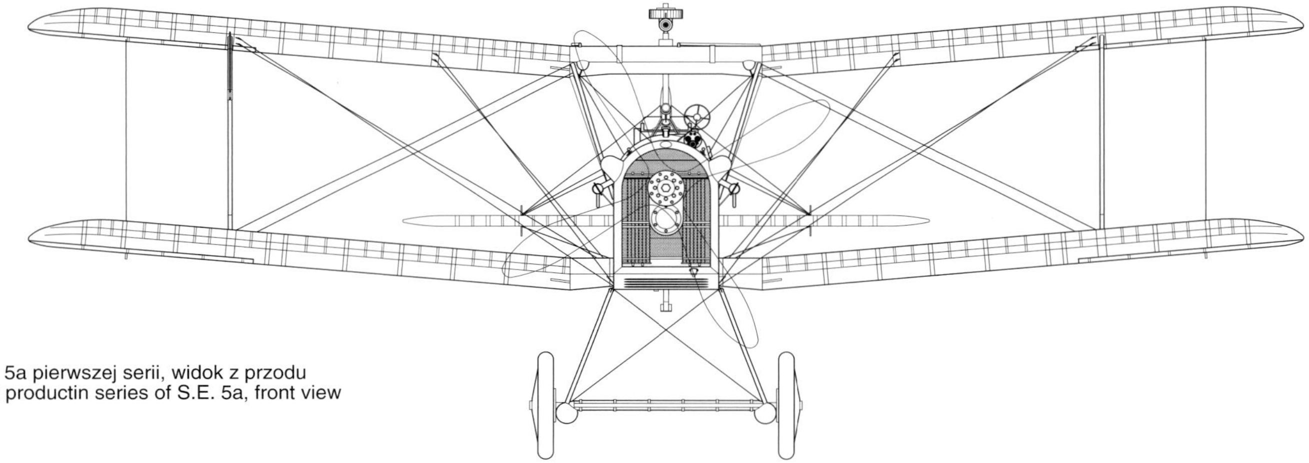

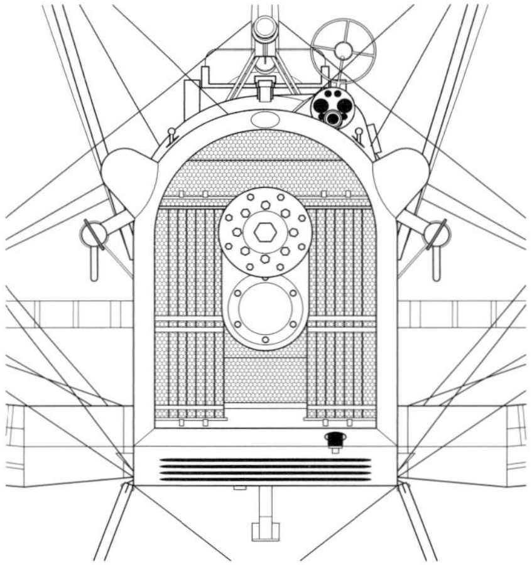

- S.E. 5a fragment w widoku z przodu
- S.E. 5a part of front view

- S.E. 5a pierwszej serii, widok z przodu
- First productin series of S.E. 5a, front view

Skala/scale: 1/48, 1/24

Opracowanie i rysunki: © Maciej Noszczak 2005

KAGERO

Arkusz 05
Sheet 05

Scouting Experimental: S.E. 5a

Skala/scale 1/48

- S.E. 5a pierwszej serii, widok z dołu
  Widoczne są wąskie stery wysokości stosowane na niektórych samolotach
- First productin series of S.E. 5a, bottom view
  Narrow chord elevators used on some aircrafts

- S.E. 5a początkowej serii produkcyjnej, widok z boku
- First run production series S.E. 5a, side view

- S.E. 5a z kołpakiem, widok z boku
- S.E. 5a with spinner, side view

Opracowanie i rysunki: © Maciej Noszczak 2005

KAGERO

Skala/scale: 1/48

Arkusz 06 / Sheet 06

Scouting Experimental: S.E. 5, S.E. 5a

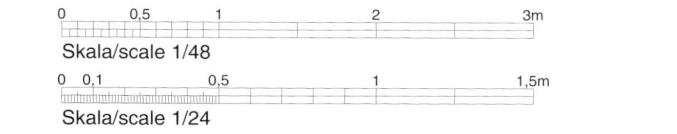

Skala/scale 1/48
Skala/scale 1/24

- S.E. 5a pierwszej serii, widok z góry. Widoczne są wąskie stery wysokości stosowane na niektórych samolotach
- First productin series of S.E. 5a, top view. Narrow chord elevators used on some aircrafts

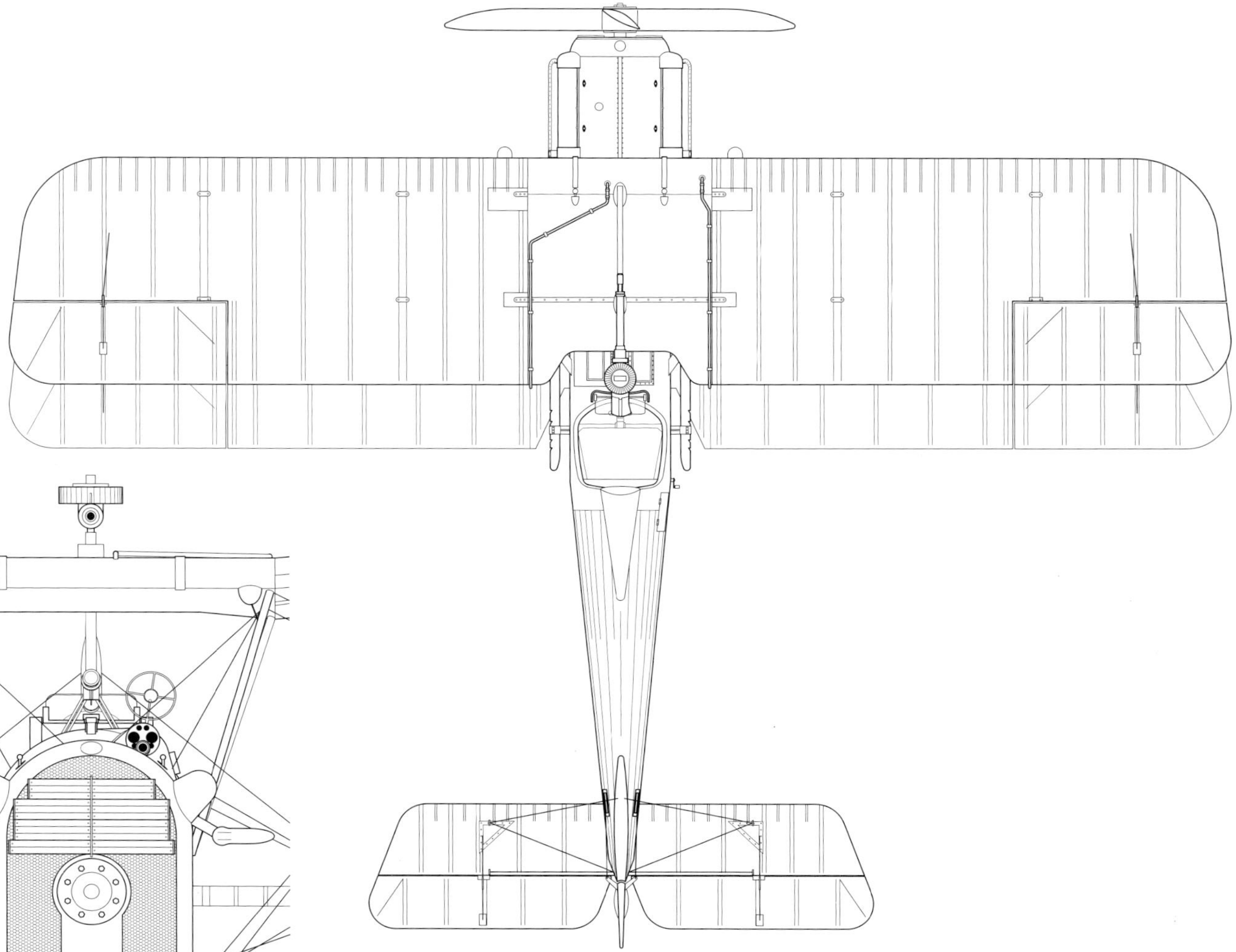

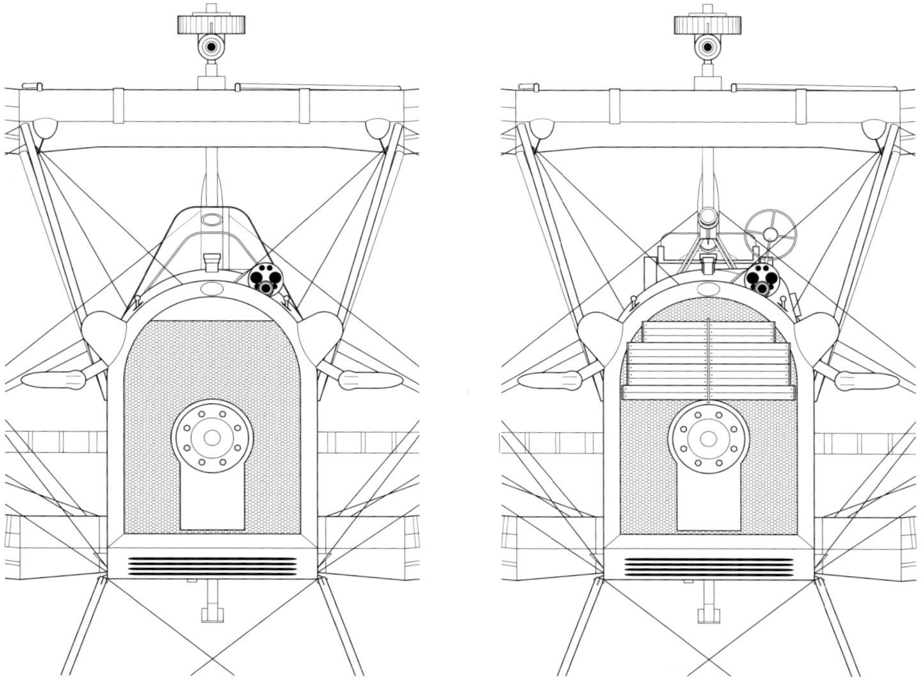

- S.E. 5, fragment w widoku z przodu, chłodnica w wersji wczesnej i późnej
- S.E. 5, part of front view, early and late type of radiators

Skala/scale: 1/48, 1/24

Opracowanie i rysunki: © Maciej Noszczak 2005

KAGERO

Arkusz 07 / Sheet 07

Scouting Experimental; S.E. 5a

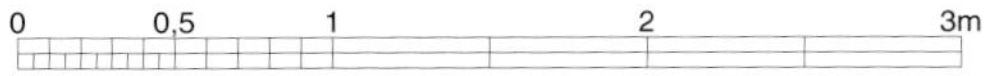

Skala/scale 1/48

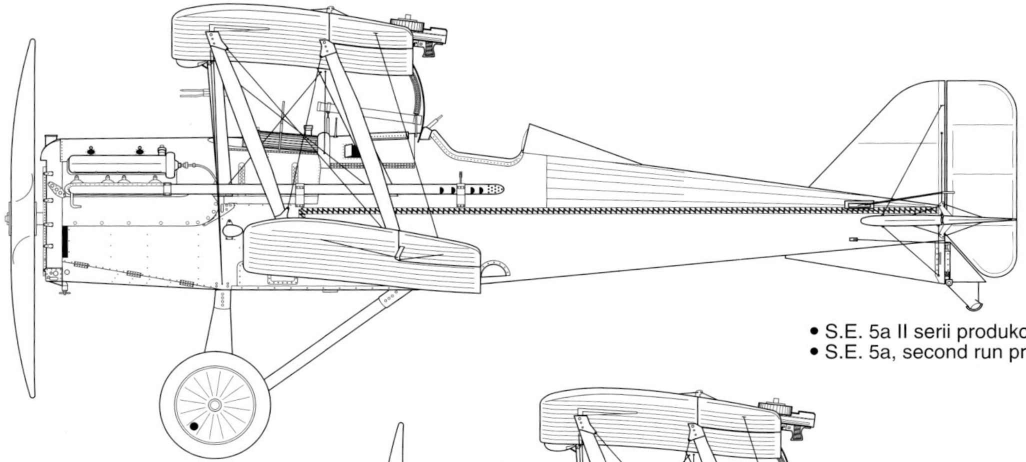

- S.E. 5a II serii produkcyjnej, widok z boku
- S.E. 5a, second run production version, side view

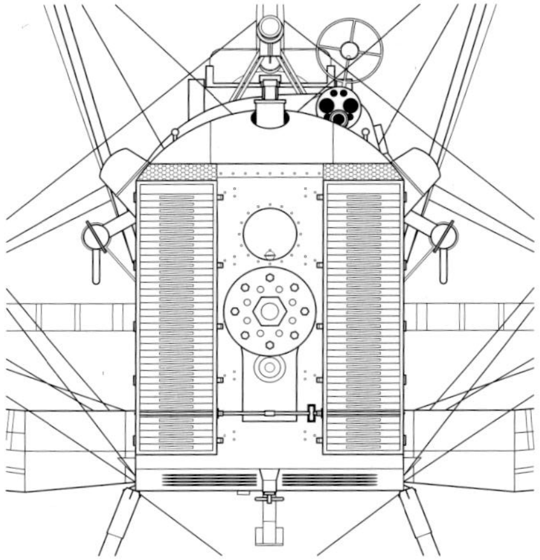

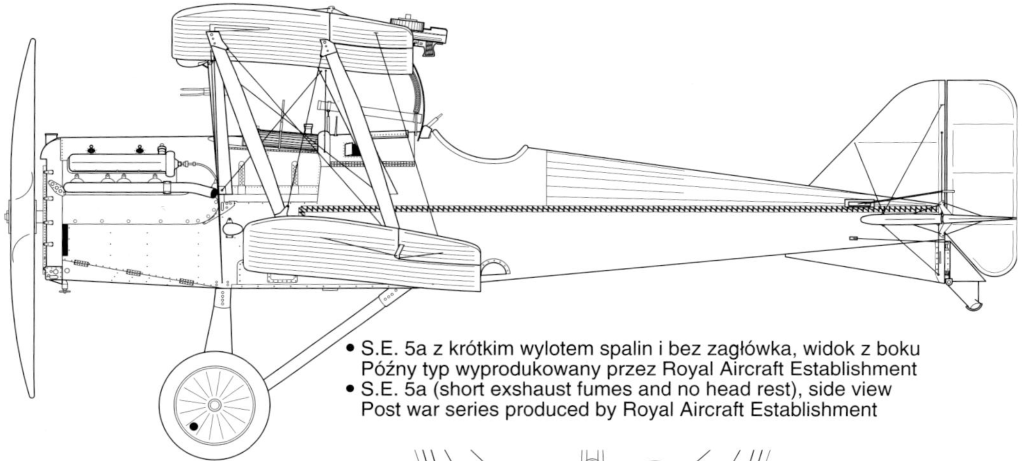

- S.E. 5a z krótkim wylotem spalin i bez zagłówka, widok z boku
- Późny typ wyprodukowany przez Royal Aircraft Establishment
- S.E. 5a (short exshaust fumes and no head rest), side view
- Post war series produced by Royal Aircraft Establishment

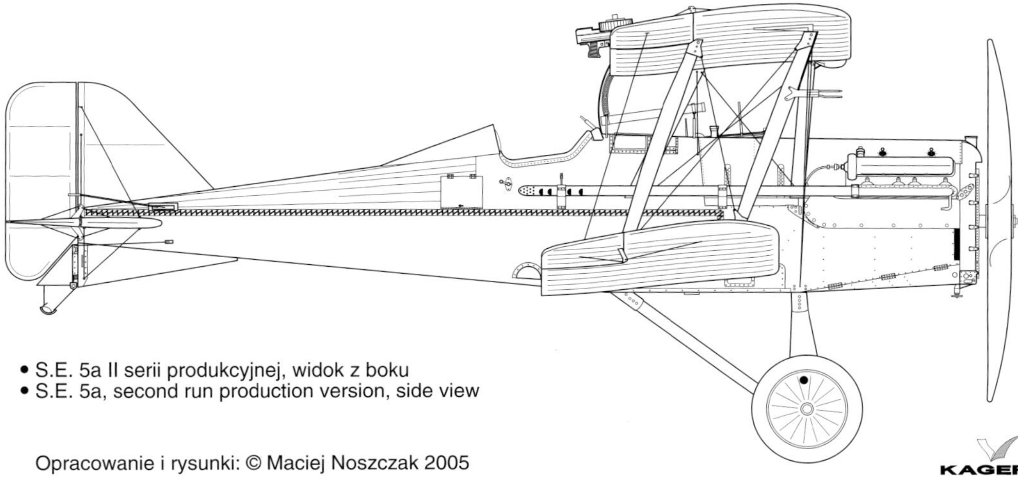

- S.E. 5a fragment w widoku z przodu, klapki chłodnicy zamknięte
- S.E. 5a part of front view, cooling flaps close

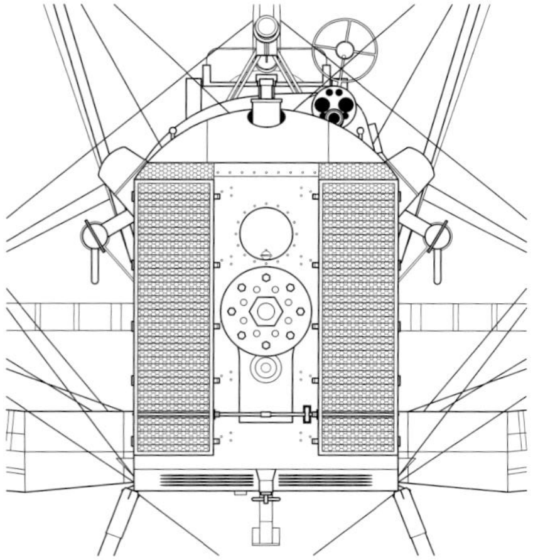

- S.E. 5a fragment w widoku z przodu, klapki chłodnicy zamknięte
- S.E. 5a part of front view, cooling flaps in open position

- S.E. 5a II serii produkcyjnej, widok z boku
- S.E. 5a, second run production version, side view

Skala/scale: 1/48

Opracowanie i rysunki: © Maciej Noszczak 2005

KAGERO

Arkusz 08 / Sheet 08

Scouting Experimental; S.E. 5a

Skala/scale 1/48

- Wąskie drewniane śmigło dwułopatowe T.2805
- T.2805 narrow wooden propeller

- S.E. 5a II serii produkcyjnej, widok z przodu
- S.E. 5a, second run production version, front view

- Szerokie drewniane śmigło dwułopatowe AB.662
- AB.662 wide wooden propeller

- S.E. 5a ze zmodyfikowaną kabiną pilota, widok z boku
- S.E. 5a – modified pilot's position, side view

- S.E. 5a z krótkim wylotem spalin i bez zagłówka, widok z tyłu
  Późny typ wyprodukowany przez Royal Aircraft Establishment
- S.E. 5a (short exshaust fumes and no head rest), rear view
  Post war series produced by Royal Aircraft Establishment

Skala/scale: 1/48

Opracowanie i rysunki: © Maciej Noszczak 2005

KAGERO

Arkusz 09
Sheet 09

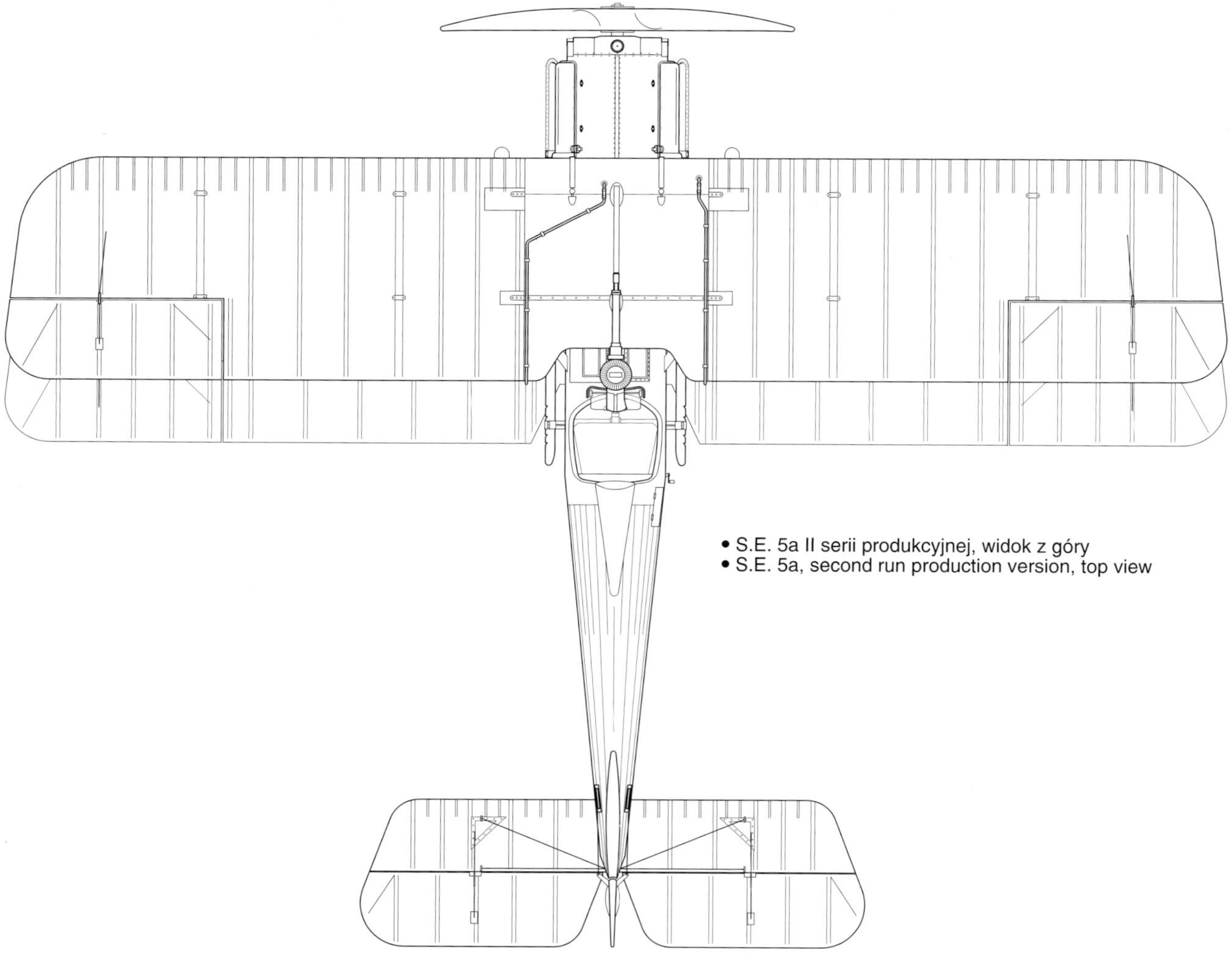

- S.E. 5a II serii produkcyjnej; widok z góry
- S.E. 5a, second run production version, top view

Skala/scale: 1/48

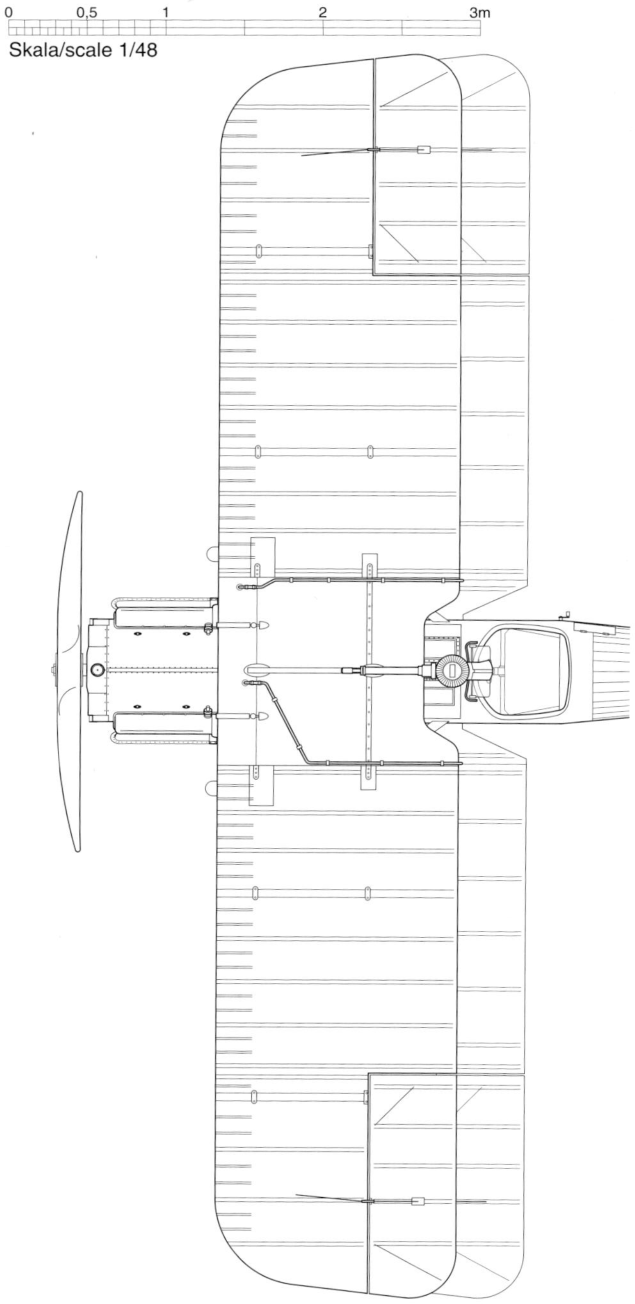

- Górne skrzydło późnego typu, wyprodukowane przez Royal Aircraft Establishment, fragment w widoku z góry
- Late type top wing from Royal Aircraft Establishment, part of top view

KAGERO

Scouting Experimental; S.E. 5a

Skala/scale 1/48

Opracowanie i rysunki: © Maciej Noszczak 2005

Arkusz 10 / Sheet 10

Scouting Experimental: S.E. 5a

Skala/scale 1/48

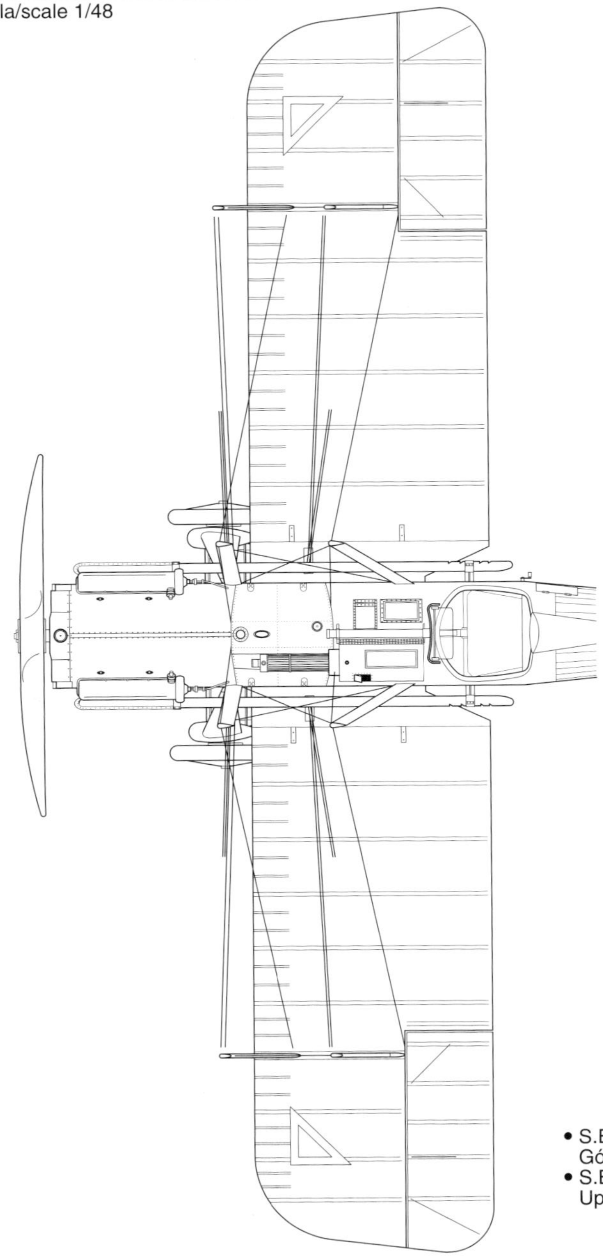

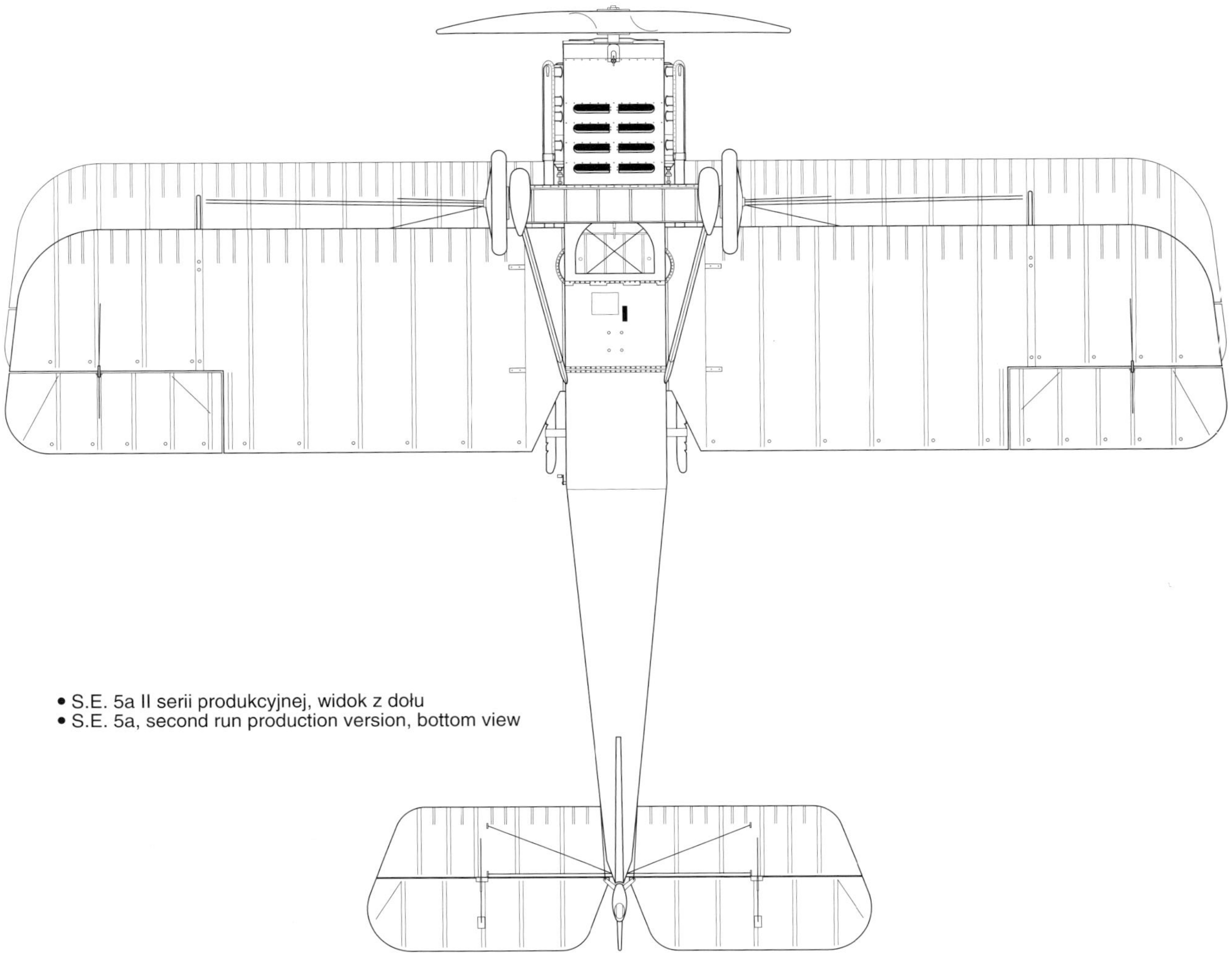

- S.E. 5a II serii produkcyjnej, widok z dołu
- S.E. 5a, second run production version, bottom view

- S.E. 5a II serii produkcyjnej, fragment w widoku z góry
  Górne skrzydło pominięto
- S.E. 5a, second run production version, part of top view
  Upper wing omitted

Skala/scale: 1/48

Opracowanie i rysunki: © Maciej Noszczak 2005

KAGERO

Arkusz 11
Sheet 11

Scouting Experimental: S.E. 5, S.E. 5a - A2-36

Skala/scale 1/48

- Australijski S.E. 5a (A2-36), widok z boku
- Australian S.E. 5a (A2-36), side view

- S.E. 5 w wersji treningowej, widok z boku
- Training version of S.E. 5, side view

- Brytyjski treningowy S.E. 5a, widok z boku
- Training S.E. 5a (British), side view

- Australijski S.E. 5a (A2-36), widok z boku
- Australian S.E. 5a (A2-36), side view

Skala/scale: 1/48

Opracowanie i rysunki: © Maciej Noszczak 2005

KAGERO

Arkusz 12
Sheet 12

Skala/scale: 1/48

- S.E. 5a (A2-36), widok z góry
- S.E. 5a (A2-36), top view

Scouting Experimental: S.E. 5a - A2-36

Skala/scale 1/48

- S.E. 5a II serii produkcyjnej, fragment w widoku z dołu
- S.E. 5a, second run production version, part of bottom view

- S.E. 5a (A2-36), widok z przodu
- S.E. 5a (A2-36), front view

KAGERO

Opracowanie i rysunki: © Maciej Noszczak 2005

Scouting Experimental; S.E. 5a

Arkusz 13 / Sheet 13

Skala/scale 1/48
Skala/scale 1/24

- S.E. 5a Skywriter, widok z boku
- S.E. 5a Skywriter, side view

- Karabin maszynowy Vickers
- Vickers Machine gun

- S.E. 5a przystosowany do nocnych lotów, widok z boku
- S.E. 5a prepared to night flying, side view

- S.E. 5a w wersji amerykańskiej, widok z boku
- "American" S.E. 5a, side view

Skala/scale: 1/48, 1/24

Opracowanie i rysunki: © Maciej Noszczak 2005

KAGERO

Arkusz 14 / Sheet 14

Scouting Experimental; S.E. 5a

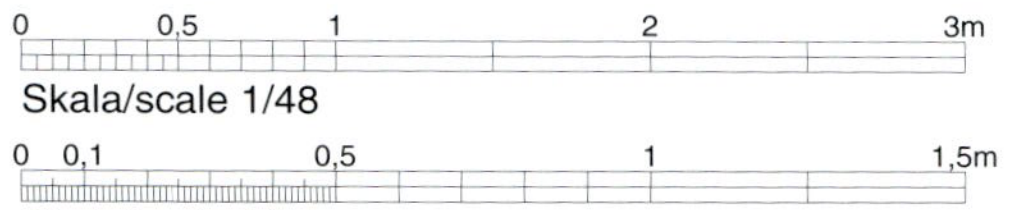

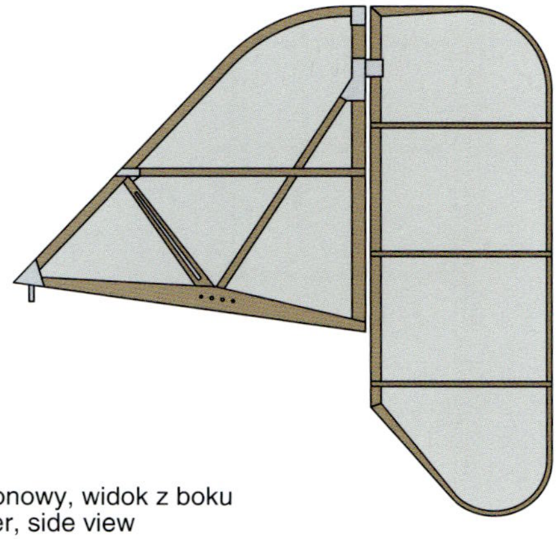

Skala/scale 1/48
Skala/scale 1/24

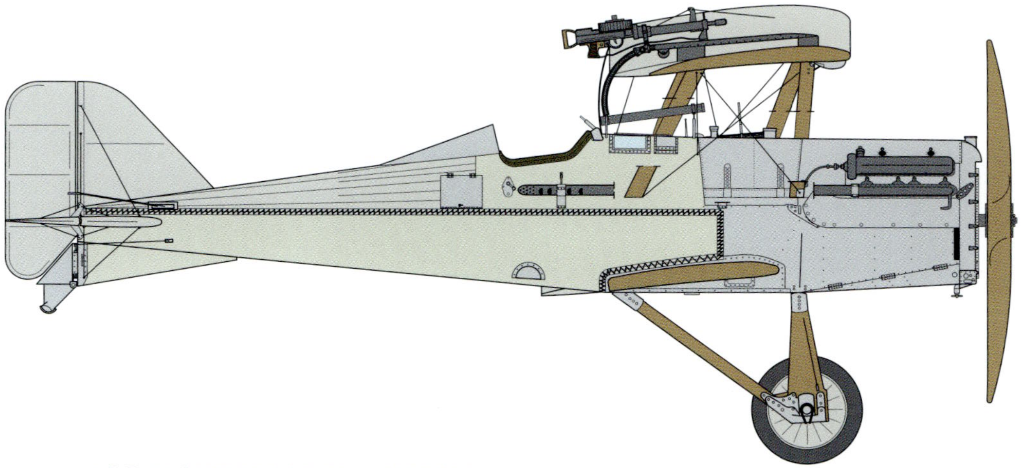

- S.E. 5a II serii produkcyjnej, widok z boku
- S.E. 5a, second run production version, side view

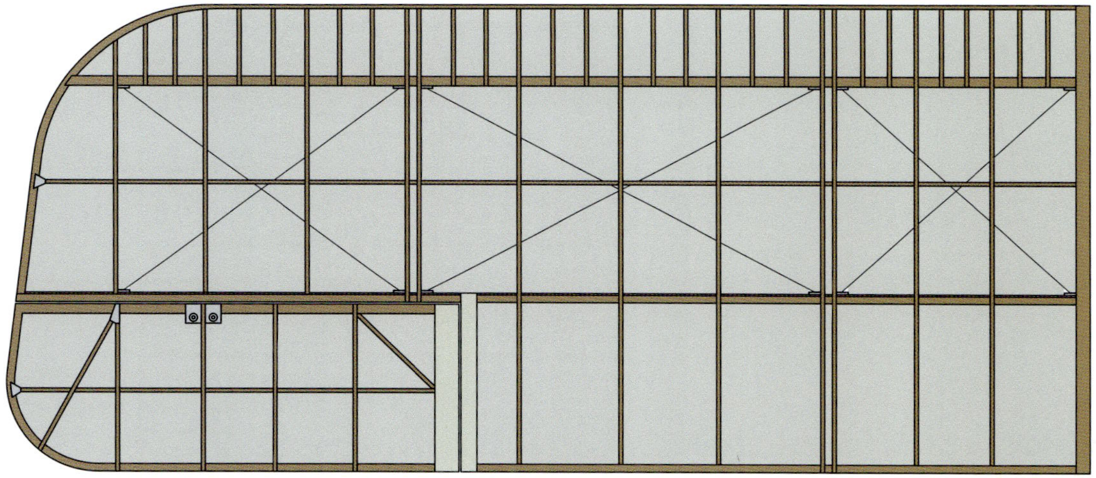

- Statecznik pionowy, widok z boku
- Fin and rudder, side view

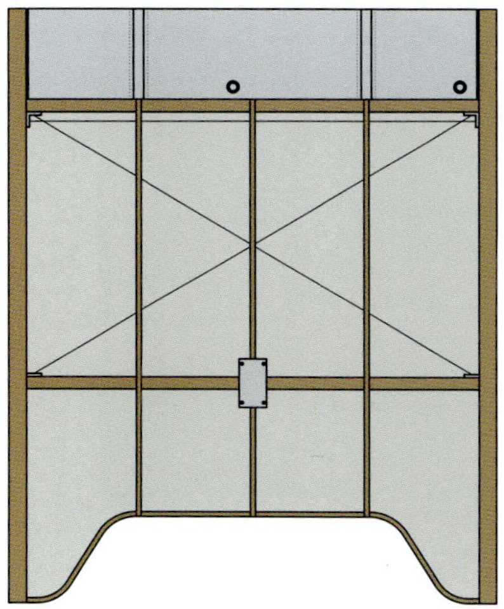

- Centropłat górny, konstrukcja, widok z góry
- Upper wing center section, top view

- Płat górny, konstrukcja, widok z góry
- Upper wing construction, top view

Skala/scale: 1/48, 1/24

Opracowanie i rysunki: © Maciej Noszczak 2005

KAGERO

Arkusz 15 / Sheet 15

Scouting Experimental; S.E. 5a

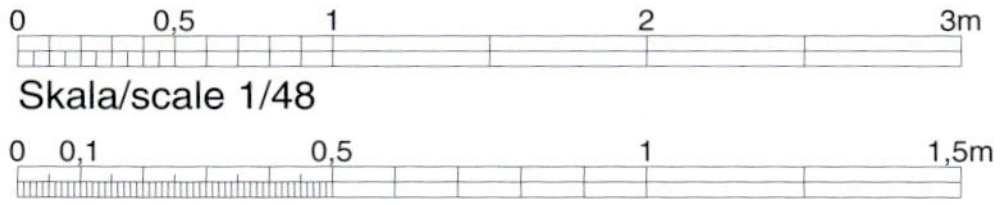

Skala/scale 1/48
Skala/scale 1/24

Skala/scale: 1/48, 1/24

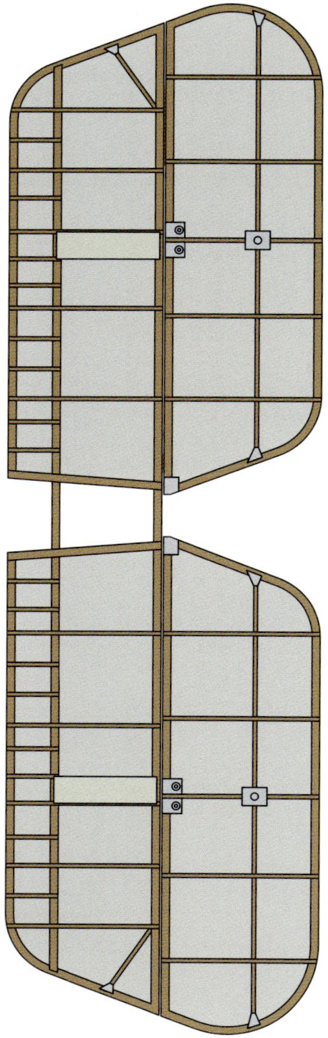

- Statecznik poziomy, widok z góry
- Tailplane and elevator, top view

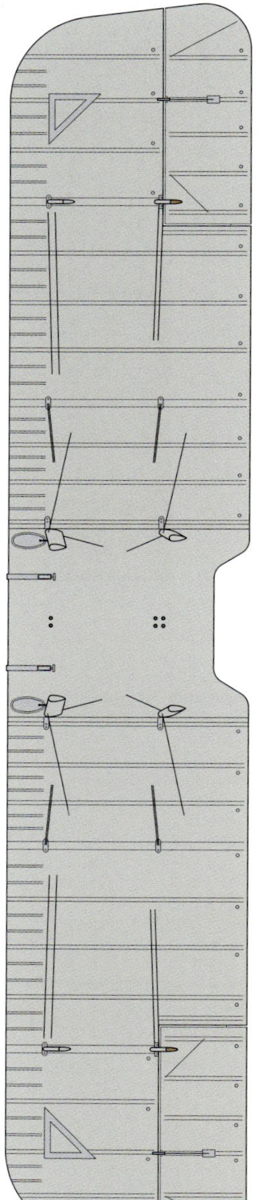

- Górne skrzydło, widok z dołu
- Upper wing, bottom view

- Płat dolny, konstrukcja, widok z góry
- Lower wing construction, top view

Opracowanie i rysunki: © Maciej Noszczak 2005

KAGERO

Arkusz 16 / Sheet 16

Scouting Experimental: S.E. 5a

Skala/scale 1/48
Skala/scale 1/24

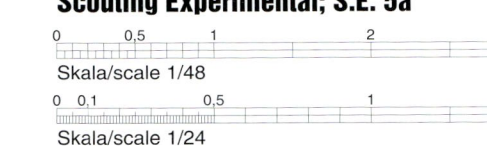

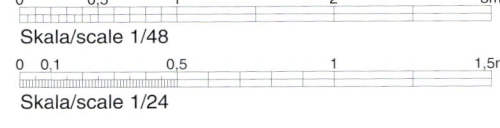

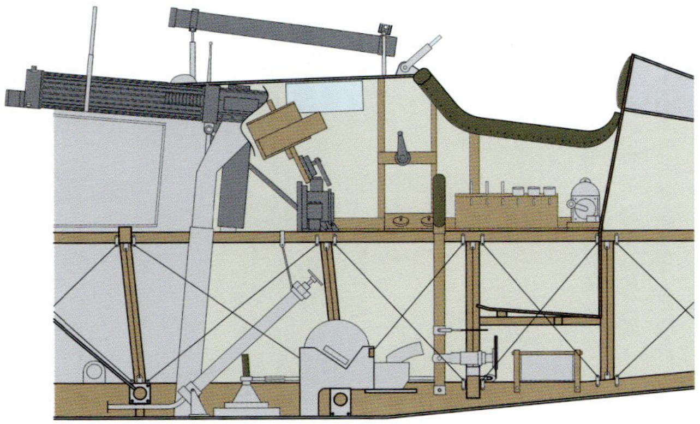

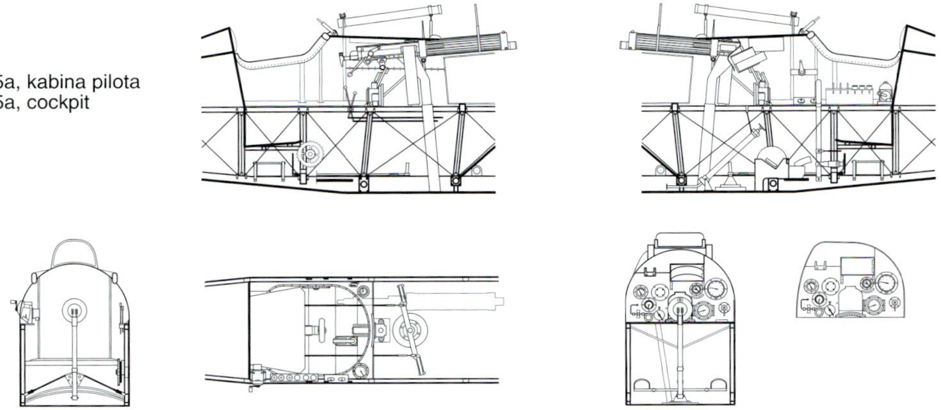

- S.E. 5a, kabina pilota
- S.E. 5a, cockpit

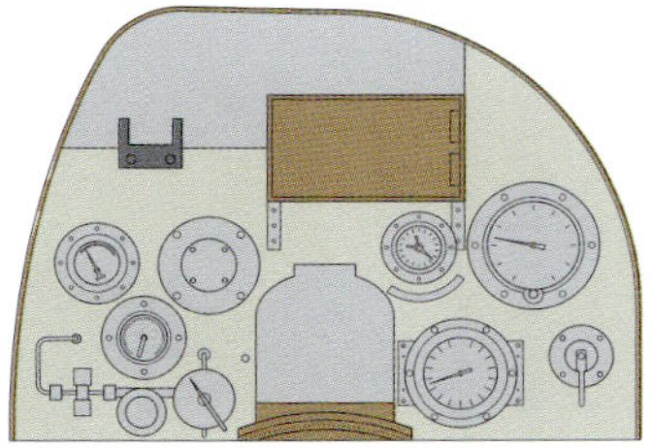

- S.E. 5a, kabina pilota, widok z boku
- S.E. 5a, cockpit, side view

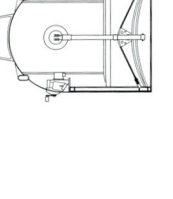

- Tablica przyrządów (1/16)
- Instrument panel (1/16)

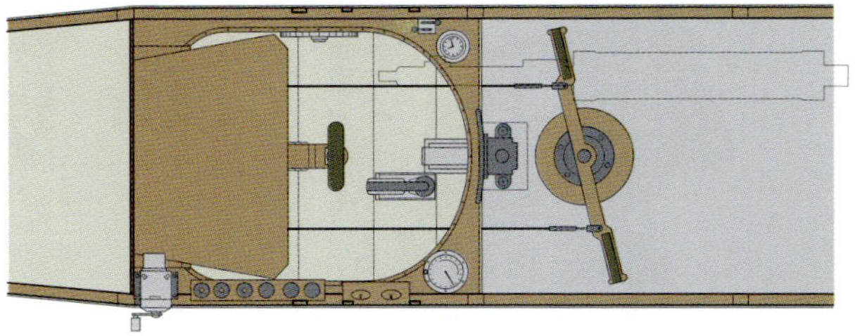

- S.E. 5a, kabina pilota, widok z góry
- S.E. 5a, cockpit, top view

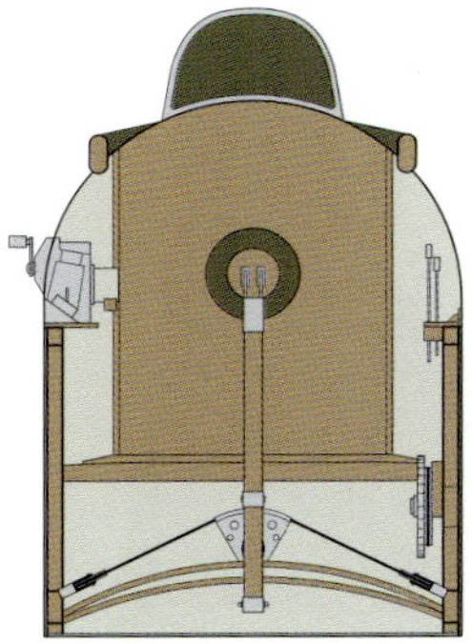

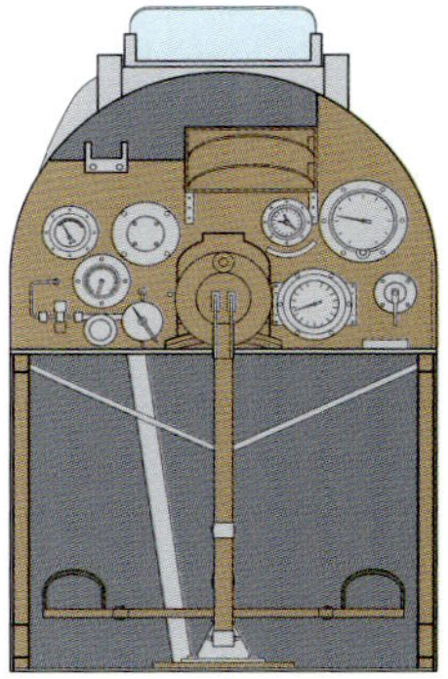

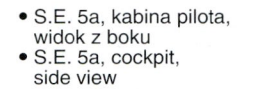

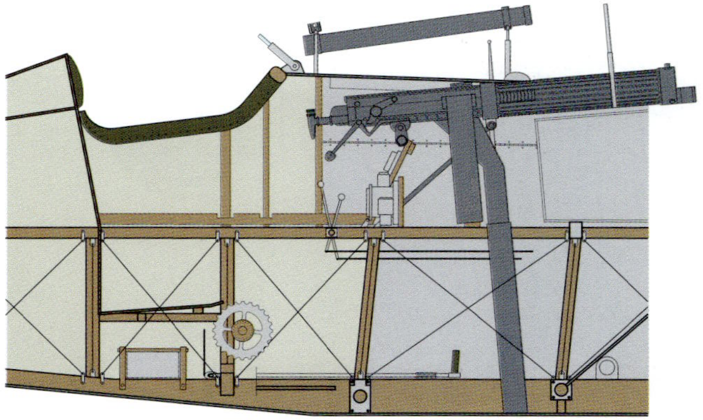

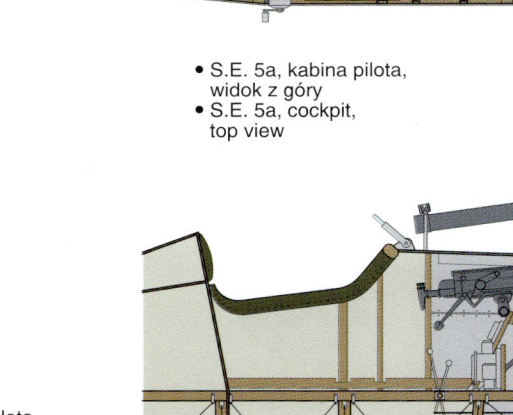

- S.E. 5a, kabina pilota, widok z boku
- S.E. 5a, cockpit, side view

Skala/scale: 1/48, 1/24, 1/16

Opracowanie i rysunki: © Maciej Noszczak 2005

KAGERO

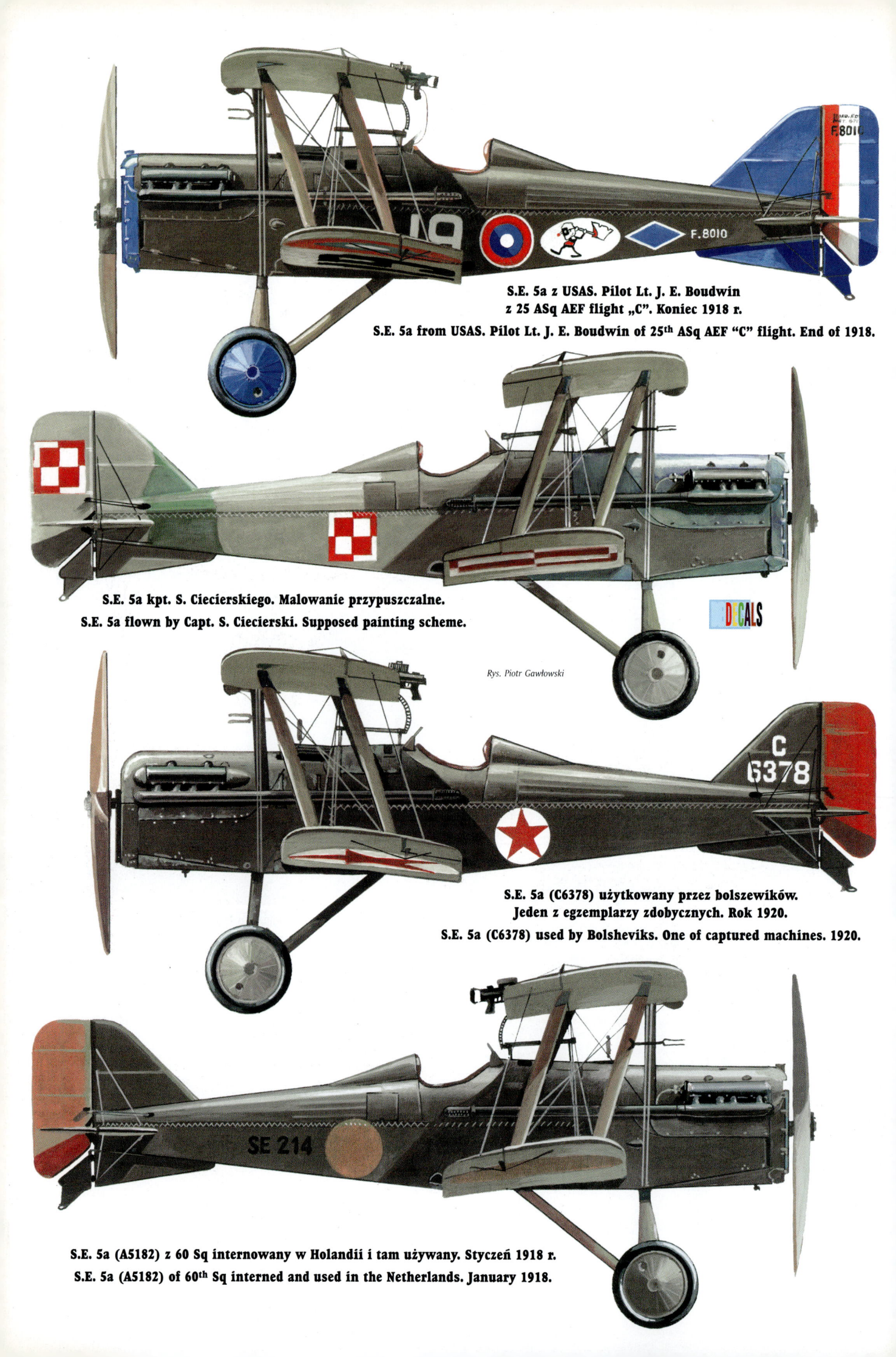

S.E. 5a z USAS. Pilot Lt. J. E. Boudwin
z 25 ASq AEF flight „C". Koniec 1918 r.
S.E. 5a from USAS. Pilot Lt. J. E. Boudwin of 25th ASq AEF "C" flight. End of 1918.

S.E. 5a kpt. S. Ciecierskiego. Malowanie przypuszczalne.
S.E. 5a flown by Capt. S. Ciecierski. Supposed painting scheme.

Rys. Piotr Gawłowski

S.E. 5a (C6378) użytkowany przez bolszewików.
Jeden z egzemplarzy zdobycznych. Rok 1920.
S.E. 5a (C6378) used by Bolsheviks. One of captured machines. 1920.

S.E. 5a (A5182) z 60 Sq internowany w Holandii i tam używany. Styczeń 1918 r.
S.E. 5a (A5182) of 60th Sq interned and used in the Netherlands. January 1918.